Drug Approvals and Regulatory Affairs

의약품 인허가의 현장

임형식 저

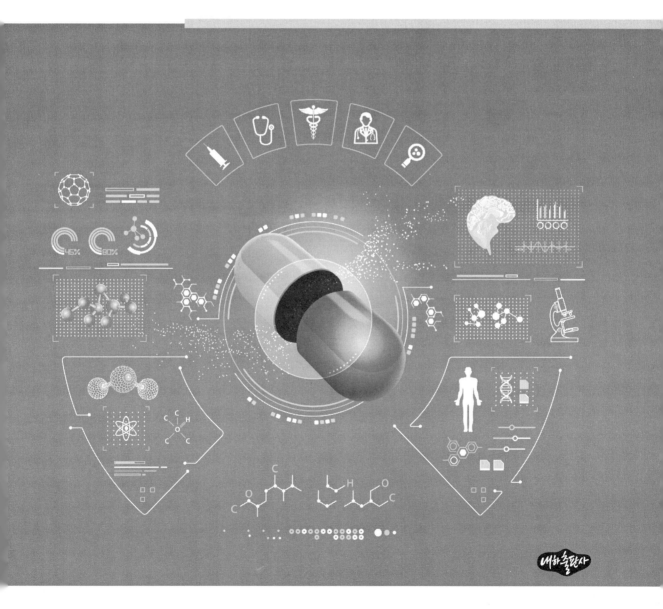

내하출판사

제약 산업은 최근 4차 산업혁명을 필두로 한 미래의 핵심성장 동력 중 하나로 주목 받고 있다. 세계 의약품 시장 규모는 2018년 기준 1조 2천억 달러로 추산되며, 전 세계적인 고령화와 파머징 국가들의 성장으로 연평균 6%대 성장률을 나타내고 있다. 최근 생명공학의 발전으로 대부분의 빅파마들은 바이오의약품에 집중하고 있으며 블록버스터급 바이오의약품의 특허가 만료되는 2020년 이후로 복제 의약품인 바이오시밀러 시장이 크게 확대될 전망이다.

제약 산업은 대표적인 지식 집약적 산업으로 신약 개발과 해외시장 진출을 모색하기 위해 의약품의 전주기에 대한 법적·과학적 지식을 갖춘 전문 인력 확보가 중요하다. 이들의 활동분야는 연구·개발 및 기획 업무, 품목허가 관련 업무(전임상시험, 임상시험, 허가신청 자료 등), 시판 후 안전관리 업무(의약품 재심 사 및 재평가 업무 등), 광고, 판촉, 유통, 영업, GMP 제조 업무 등 의약품 주기 전반에 관한 업무가 포함된다.

제약 인허가 전문가의 주요업무로는 첫째, 신약 등 품목 허가, 제품 도입 시 국내 허가 규정 설명, 임상 및 비임상 진행 컨설팅, 제품 광고 관련 규정 점검, 약가 사후 관리, 표시기재 사항에 대한 교육 및 점검 등이 있으며 둘째, 국내외 의약업계의 트렌드 및 제품 특성을 파악하고, 제품 개발 목표 설정과 각종 허가 규정에 적합한 개발전략 및 계획을 수립하고, 셋째, 제조에 대한 규정 준수, 제조관리자와 지속적인 커뮤니케이션, 기시법 관련 컨설팅, 품질관련 규정의 변경사항을 주기적으로 공지한다. 그리고 넷째, 연구개발 부터 보험약가 고시까지 일정 수립 및 관리, 개발 초기 경제성 여부 판단, 보험약가 정책 수립 및 적정 보험약가 제시 등을 한 각국의 의약품 인허가 절차를 파악하고 규정에 맞는 신청서류 작성 등 인허가 업무를 진행하며, 마지막으로 신청 제품에 관한 문제 해결방안을 마련하고 기허가 의약품의 허가사항에 관한 지속적인 관리 업무를 수행한다.

이렇게 제약 인허가 업무를 위해서는 제품 개발단계에서 부터 의약품 시판 후 안전관리에 이르기까지 상황에 따라 다양한 역량을 필요로 한다. 제약사는 시간과 비용을 줄이기 위해 현장에 바로 적응할 수 있는 준비된 인재를 원하므로 제약 인허가 전문가가 되기 위해선 필요한 지식을 사전에 채득하는 것이 중요하다.

한국제약바이오협회 2018년 국내 제약기업의 파이프라인 현황에 따르면, 개발 계획 중인 신약 380개, 개발 중인 신약 573개로 합이 953개 품목에 이른다. 이러한 신약들이 앞으로 개발 완료되면 업계는 이를 시장에 출시하기 위해 상당히 많은 인원의 인허가 전문가가 필요할 것으로 예상된다. 또한 의약품 관련 제도의 국제 기준에 부응하고, 국내 제약회사의 해외진출을 위해 글로벌 능력을 갖춘 의약품 인허가 전문가에 대한 수요가 계속해서 증가하고 있으며 향후에도 꾸준히 증가할 것으로 보고 있다.

하지만 현재 국내에는 전문가 양성을 위한 체계적인 교육 시스템 부족으로 제약기업 재직자 중심의 단발성 교육이 주로 이루어지고 있으며, 이로 인해 의약품 개발에서부터 등록까지의 전주기에 대한 종합적인 지식을 갖춘 전문가를 배출하는 데 어려움을 겪고 있다.

이 책은 의약품의 전주기 허가 심사 절차에 대해 다루고 있으며, 특히 제품의 연구개발 이후 임상시험 계획 승인 단계부터 의약품 품목허가 신청을 거쳐 사후관리에 이르기까지 제약 인허가 업무에서 요구되는 기본적인 이해와 실제 허가서류 작성 및 검토 시 고려사항과 같은 실무적인 부분을 기술하고 있다. 이 책으로 제약 인허가 분야에 종사하고 있거나 진출하고자 하는 학생들이 전문가로써 발돋움 하는데 조금이나마 보탬이 되어 우리나라 제약 산업이 진일보할 수 있기를 기대한다.

임형식

▶ CONTENTS

CHAPTER

04 시판 후 안전 관리

CHAPTER

05 2020년부터 달라지는 안전관리 제도

의약품 허가제도 개요

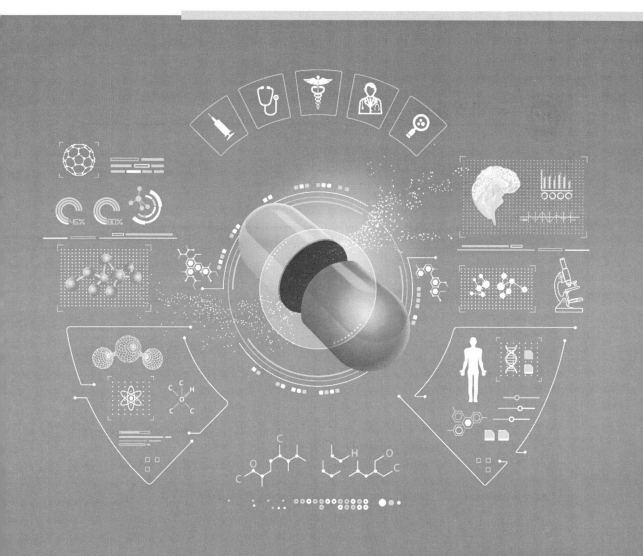

Drug Approvals and Regulatory Affairs

01 ─■ 의약품의 정의

　　의약품이란 ❶ 대한민국약전에 실린 물품 중 의약외품이 아닌 것 또는 ❷ 사람이나 동물의 질병을 진단·치료·경감·처치 또는 예방을 목적으로 사용하는 물품 중 기구·기계 또는 장치가 아닌 것 또는 ❸ 사람이나 동물의 구조와 기능에 약리학적 영향을 줄 목적으로 사용하는 물품 중 기구·기계 또는 장치가 아닌 것을 말한다.

　　* 근거법령 : 「약사법」 제2조 제4호

02 ─■ 의약품의 구분

1) 소비자 접근성에 따른 의약품 분류

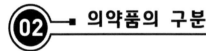

전문의약품	일반의약품
- 약리작용, 적응증으로 볼 때 의사 또는 치과의사의 전문적 진단, 감독에 따라 사용 - 투여경로 특성(주사제 등) - 적절한 용법용량 설정 필요 - 심각한 부작용 발현 빈도가 높은 의약품 - 습관성 및 의존성, 내성 문제 - 마약, 한외마약, 향정신성의약품 - 오남용 우려가 높은 의약품	- 주로 가벼운 의료분야에 사용 - 부작용 범위가 비교적 좁음 - 일반 국민이 자가요법(self-medication)으로 적응증의 선택, 용량 준수, 부작용 예방 및 처치 등 직접 사용 및 판단 가능 - 경미한 질병의 치료, 예방 또는 건강의 유지증진 - 오용 및 남용의 우려가 낮음

자료 : 식품의약품안전처, 2017, 의약품 품목 허가·심사 절차의 이해

그림 1-1 | 소비자 접근성에 따른 의약품 분류

■ 일반의약품 중 보건복지부가 가정상비약으로 허용한 4종(소화제, 감기약, 해열진통제, 파스) 13개 품목은 편의점에서도 구입이 가능하다.

- 해열 진통제 : 타이레놀정 160mg/500mg, 어린이용타이레놀정 80mg, 어린이
용타이레놀현탁액, 어린이부루펜시럽
- 감기약 : 판콜에이내복액, 판피린티정
- 소화제 : 베아제정, 닥터베아제정, 훼스탈골드정, 훼스탈플러스정
- 파스 : 제일쿨파스, 신신파스아렉스

2) 구성물질에 따른 의약품 분류

의약품 (화학의약품)	- 대한민국약전에 실린 물품 중 의약외품이 아닌 것 - 사람, 동물의 질병을 진단·치료·경감·처치 또는 예방할 목적으로 사용하는 물품 중 기구·기계 또는 장치가 아닌 것 - 사람, 동물의 구조와 기능에 약리학적 영향을 줄 목적으로 사용하는 물품 중 기구·기계 또는 장치가 아닌 것
생물의약품	- 사람이나 다른 생물체에서 유래된 것을 원료 또는 재료로 하여 제조한 의약품 - 생물학적제제, 유전자재조합의약품, 세포배양의약품, 세포치료제, 유전자치료제
한약제제 생약제제	- 한약제제 : 한약을 한방원리에 따라 배합, 제조한 의약품 - 생약제제 : 서양의학적 입장에서 본 천연물제제, 한의학적 치료목적으로는 사용되지 않는 제제

자료 : 식품의약품안전처, 2017, 의약품 품목 허가·심사 절차의 이해

그림 1-2 | 구성물질에 따른 의약품 분류

3) 허가심사에 따른 의약품 분류

◉ 신약

국내에서 이미 허가된 의약품과는 화학구조나 본질 조성이 전혀 새로운 신물질 의약품 또는 신물질을 유효성분으로 함유한 복합제제 의약품으로서 식품의약품안전

처장이 지정하는 의약품을 말한다.

◉ 자료제출의약품

신약이 아닌 의약품이면서 안전성·유효성 심사가 필요한 품목으로 일반적으로 기존의 신약에서 구조적 변경(염, 이성체)이 있거나, 새로운 효능, 조성, 투여경로, 용법용량을 갖거나, 또는 함량이 증감된 의약품을 말한다. 개량신약이 이에 속한다.

◉ 개량신약

자료제출의약품 중에서 안전성, 유효성, 유용성(복약순응도·편리성 등)에 있어 이미 허가(신고)된 의약품에 비해 개량되었거나 의약기술에 있어 진보성이 있다고 식약처장이 인정한 의약품을 말한다.

◉ 제네릭의약품

오리지널(original) 화학 합성의약품과 내용, 효능 등은 같지만 그것을 복제한 약품이다. 제네릭은 오리지널 약품의 특허가 만료됐거나 특허가 만료되기 전이라도 물질특허를 개량하거나 제형을 바꾸는 등 오리지널을 모방하여 만든 것이기 때문에 '복제약'이라고도 한다. 그 제네릭 중에서 가장 먼저 만들어진 제품은 '퍼스트제네릭'이라고 한다.

◉ 동등생물의약품(바이오시밀러)

이미 제조판매·수입품목 허가를 받은 품목(대조약)과 품질 및 비임상 임상적 비교 동등성이 입증된 생물의약품을 말한다.

4) 투여경로에 따른 의약품의 분류

◉ 경구용의약품

입을 통하여 약물이 투여되도록 만든 의약품.

· 정제, 캡슐제, 환제, 산제, 트로키제 등

◎ **주사용의약품**

근육이나 혈관을 통하여 약물이 투여되도록 만든 의약품.

· 주사제

◎ **외용의약품** : 피부에 도포, 분사하거나 부착 등을 통하여 약물이 인체에 투여되도록 만든 의약품.

· 패치제 등

5) 보험등재 여부에 따른 의약품의 분류

◎ **급여의약품**

국민건강보험법 제39조 제1항 제2호의 요양급여대상으로 결정되거나 조정되어 고시된 의약품을 말한다. 즉 '약제급여목록표 및 급여상한금액표'에 등재된 의약품을 말한다. 급여의약품 중에는 환자가 전액 부담해야 하는 의약품도 있다.

◎ **비급여 의약품**

업무 또는 일상생활에 지장이 없는 질환 등 복지부 장관이 정하는 사항에 대하여 요양급여의 대상에서 제외되는 의약품을 말한다.

예시 단순피로, 비만, 미용성형, 발기부전, 건강검진, 예방주사, 초음파, 수면내시경 관찰료 등

03 의약품 허가와 신고

제조 및 수입 판매하고자 하는 의약품이 허가 또는 신고대상인지에 따라 심사 절차, 제출 자료, 소관부서 등에 있어 차이가 있다. 신고대상 품목은 일부 몇몇 품목에

한정되며, 대부분의 의약품은 허가대상 품목이라고 간주하여도 무방하다. 관련 내용은 '의약품의 품목허가·신고·심사 규정(식약처 고시)' 및 '의약품 품목허가 및 신고 해설서'에 상세히 기술되어 있다.

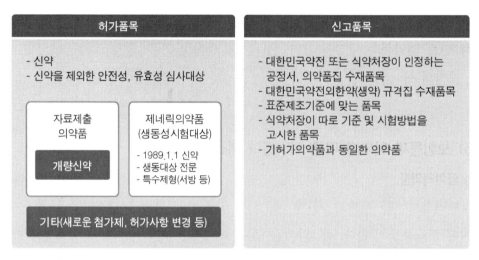

허가품목	신고품목
- 신약 - 신약을 제외한 안전성, 유효성 심사대상 **자료제출 의약품** **개량신약** **제네릭의약품 (생동성시험대상)** - 1989.1.1 신약 - 생동대상 전문 - 특수제형(서방 등) **기타(새로운 첨가제, 허가사항 변경 등)**	- 대한민국약전 또는 식약처장이 인정하는 공정서, 의약품집 수재품목 - 대한민국약전외한약(생약) 규격집 수재품목 - 표준제조기준에 맞는 품목 - 식약처장이 따로 기준 및 시험방법을 고시한 품목 - 기허가의약품과 동일한 의약품

자료 : 식품의약품안전처, 2017, 의약품 품목 허가·심사 절차의 이해

그림 1-3 | 허가대상 의약품과 신고대상 의약품

04 ─■ 의약품 전주기 허가 · 심사 절차

식품의약품안전처에서는 과학적이고 전문적인 심사를 통해 의약품의 안전성·유효성·품질을 확보하고, 환자 중심의 규제과학을 추진하고 있다. 의약품의 개발단계에서의 임상시험계획 승인 심사와 허가신청시의 품질, 안전성·유효성 심사 및 허가 후의 재평가, 재심사 등을 통한 전주기 허가심사로 국제 수준의 안전한 의약품이 공급될 수 있도록 하고 있다.

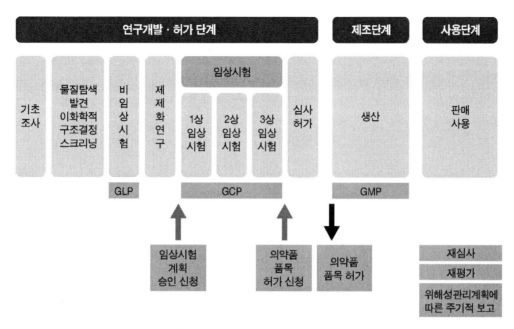

그림 1-4 | 의약품 연구개발, 허가, 제조, 사용단계 과정

의약품 임상시험

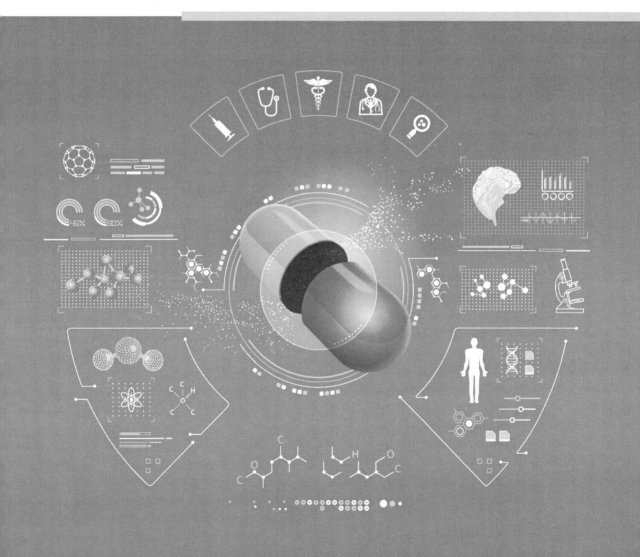

Drug Approvals and Regulatory Affairs

01 ─ 임상시험

1) 임상시험이란

임상시험(Clinical Trial/Study)은 임상시험에 사용되는 의약품의 안전성과 유효성을 증명할 목적으로, 해당 약물의 약동[1], 약력[2], 약리[3], 임상적 효과를 확인하고 이상 반응을 조사하기 위하여 사람을 대상으로 실시하는 시험 또는 연구를 말한다. 이와는 달리 비임상(전임상)시험은 주로 세포나 동물을 대상으로 인위적 조작을 가하여 변화를 일으키고 관찰하는 것을 말하며, 일반적으로는 동물실험에서 약물의 효과와 안전성을 입증한 뒤에 사람을 대상으로 임상시험을 진행하게 된다. 임상시험을 거쳐 안전성, 효능 등이 검증된 임상시험용 의약품은 이어 식약처의 제조승인을 받아 신약이 된다.

신약 개발에 핵심적인 역할을 하는 임상시험은 흔히 4개의 단계(1~4상)로 구분된다.

2) 임상시험의 의의

임상시험이란 신약이 사용되기 전 그 약의 효과와 안전성을 증명하는 과정을 말한다. 좀 더 엄밀하게 말하면 임상시험이란 의약품을 개발, 시판하기에 앞서 그 물질의 안전성과 치료 효용성을 증명할 목적으로 해당 약물의 체내 분포, 대사 및 배설, 약리효과와 임상적 효과를 확인하고 부작용 등을 알아보기 위해 사람을 대상으로 실시하는 시험 또는 연구를 말한다.

신약 허가를 받기 위한 임상시험은, 임상시험을 시작하기 전 단계부터 허가기관(한국은 식품의약품안전처)에 임상시험 승인신청을 하도록 되어 있으며 엄격한 과학

---

1) 생체 내에서 약품의 흡수, 분포, 비축, 대사, 배설의 과정
2) 약품의 생화학적 및 생리학적 효과와 작용기전
3) 생체에 들어간 약품이 일으키는 생리적인 변화

적 윤리 규정에 따라 실시한다.

임상시험은 통상 수년 동안 진행되는데, 암과 같은 난치병 환자의 경우 임상시험 과정을 거쳐 약물이 시판될 때까지 기다릴 시간이 없을 수 있다. 이때, 더 이상의 치료 방법이 없는 환자가 임상시험에 참여한다면 새로운 치료를 빠르게 접할 수 있고, 새로운 삶의 가능성을 기대해 볼 수 있다. 또한 임상시험의 효과와 안전성을 확인하기 위해 임상시험 전 과정에 걸쳐 보다 엄격한 관찰과 검사가 수반된다. 현재 우리나라에서 실시되고 있는 임상시험들은 그에 따르는 위험요소는 최소한으로 하고 잠재적인 이익을 위한 가치가 있음을 확인하기 위해 반드시 임상시험심사위원회(IRB, Institutional Review Board)의 승인을 받아야 한다. 이를 통해 임상시험에서 피험자는 권리와 안전을 보호받을 수 있다. 따라서 임상시험은 더 이상 비윤리적이고 위험한 것이 아니라 과학발전을 통한 신약개발에 있어 필수불가결한 것이라 할 수 있다. 나와 내 가족, 더 나아가 인류를 위한 공헌특정 질환이나 병을 앓고 있는 환자들은 가장 최신의 의약품을 제공받고 전문 의료인부터 집중적인 치료를 받고자 임상시험에 참여하기도 하지만, 자신과 같은 질환으로 고통받고 있는 환자들과 그러한 가능성에 놓인 내 가족, 더 나아가 모든 인류가 자신과 같은 고통을 받지 않기를 진심으로 바라는 마음으로 임상시험에 참여한다. 이런 마음으로 임상시험에 참여하는 대상자들은 미래 환자들의 건강과 행복을 위해 오늘의 자신을 헌신한 아름답고 훌륭한 사람들이다.

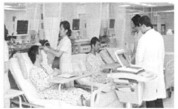

그림 2-1 | 임상시험

02 → 임상시험 단계

1) 전임상 시험(Pre-Clinical)

새로 개발한 신약후보물질을 사람에게 사용하기 전에 동물에게 사용하여 부작용이나 독성, 효과 등을 알아보는 시험이다. 약물이 체내에 어떻게 흡수되어 분포되고 배설되는가를 연구하는 체내동태연구와 약효약리연구가 수행된다. 그 후 동물실험을 통해 시험약이 지니는 부작용 및 독성을 검색하는 안전성 평가가 실시된다. 전임상시험은 크게 독성과 약리작용에 관한자료로 대별된다. 독성에 관한 자료로는 ❶ 단회투여독성시험자료, ❷ 반복투여독성시험자료, ❸ 유전독성시험자료, ❹ 생식발생독성시험자료, ❺ 발암성시험자료, ❻ 기타독성시험자료 등이 요구된다. 약리작용에 관한 자료로는 ❶ 효력시험자료, ❷ 일반약리시험자료 또는 안전성약리시험자료, ❸ 흡수, 분포, 대사 및 배설시험자료, ❹ 약물상호작용에 관한 자료 등이 있다.

2) 임상1상 시험(Clinical Test - Phase I)

안전성을 집중 검사한다. 건강한 사람 20~100명을 대상으로 약물을 안전하게 투여할 수 있는 용량과 인체 내 약물 흡수 정도 등을 평가한다. 앞서 수행된 전임상 단계에서 독성 시험 등 전임상 시험 결과가 유효한 경우, 시험약을 최초로 사람에 적용하는 단계이다. 건강한 지원자 또는 약물군에 따른 적응환자를 대상으로 부작용 및 약물의 체내 동태 등 안전성 확인에 중점을 두고 실시한다.

3) 임상2상 시험(Clinical Test - Phase II)

적응증의 탐색과 최적용량 결정한다. 100~500명의 소규모 환자들을 대상으로 약물의 약효와 부작용을 평가하고, 유효성을 검증한다. 단기투약에 따른 흔한 부작용,

약물동태 및 예상 적응증에 대한 효능 효과에 대한 탐색을 위해 실시하는 것으로 대상질환 환자 중 조건에 부합되는 환자를 대상으로 한다. 임상3상 시험에 돌입하기 위한 최적용법 용량을 결정하는 단계이다.

임상2상 시험은 다시 전기 제2상 임상시험(임상2a)과 후기 제2상 임상시험(임상2b)으로 나눈다. 임상2a에서는 사용할 의약품의 용량을 단계적으로 높여주며 적정 용량을 테스트하여 시험대상인 약이 효과가 있는지 여부를 결정하는 과정이다. 임상2b에서는 2a의 결과에 따라 설계된 용량을 갖고 다시 환자에 투여, 어느 정도의 용량이 가장 효과가 있을지 적정 투여용량의 범위를 정하게 된다.

4) 임상3상 시험(Clinical Test - Phase III)

다수의 환자를 대상으로 한 약물의 유용성 확인한다. 신약의 유효성이 어느 정도 확립된 후에 대규모(100~500명) 환자들을 대상으로 장기 투여시의 안정성 등을 검토하고 확고한 증거를 수집하기 위해 실시한다. 신약의 유효성이 어느 정도까지 확립된 후에 행해지며 시판허가를 얻기 위한 마지막 단계의 임상시험으로서 비교대조군과 시험처치군을 동시에 설정하여 효능, 효과, 용법, 용량, 사용상의 주의사항 등을 결정한다. 3상이 성공적으로 끝나면 판매가 가능하다.

5) 임상4상 시험(Clinical Test-Phase IV)

시판 후 안전성·유효성 검사이다. 검사신약이 시판 사용된 후 장기간의 효능과 안전성에 관한 사항을 평가하기 위한 시험으로, 시판 전 제한적인 임상시험에서 파악할 수 없었던 부작용이나 예상하지 못하였던 새로운 적응증을 발견하기 위한 약물역학적인 연구가 실시되는데 이것을 시판 후 조사(Post Market Surveillance)라 한다.

표 2-1 | 임상시험의 종류 및 형태

종류(단계)	임상시험의 목적	피험자 수	비용 ($ 1,000)	기간
임상약리 시험(1상)	·내약성평가(safety) ·약동학과 약력학 정의/서술 ·약물대사와 상호작용 조사 ·치료효과 추정	20-100	200-400	6개월
치료적 탐색 임상시험 (2상)	·목표적응증에 대한 탐구 ·후속시험을 위한 용량추정 ·치료확증시험을 위한 시험설계, 평가항목, 평가방법에 대한 근거 제공	100-500	500-5000 이상	9개월-3년
치료적 확증 임상시험 (3상)	·유효성 입증/확증(efficacy) ·안전성 자료 확립 ·임상적용을 위한 이익과 위험의 상대평가 근거 제공 ·용량과 반응에 대한 관계 확립	500-1000	2000-10,000 이상	2-5년 이상
치료적 사용 임상시험 (4상, PMS)	·일반 또는 특정 대상군/환경에서 이익과 위험에 대한 이해 ·흔하지 않은 이상반응 확인 ·추천되는 용량을 확인	10,000+	10,000 이상	2-4년 이상

6) 임상시험 계획 승인 신청(IND : Investigational New Drug Application)

전임상 시험을 통해 후보물질의 안전성(독성)과 유효성이 검증되면 사람을 대상으로 하는 연구를 수행하기 위해 식약처에 임상시험허가신청을 한다. 우리나라에서는 2002년 12월에 3년간의 준비기간을 거쳐 IND가 처음 시행되었으며, 이를 '임상시험계획승인제도'로 명명하고 있다. 이 제도는 과거에 IND와 신약허가신청(NDA)을 구분하지 않고 품목허가 범주에서 임상시험을 관리함으로 인해 미국, EU 등과의 통상마찰이 발생하고 혁신적인 신약도입이 지연되었던 문제를 막기 위해 시행되었다.

이를 시행한 구체적인 목적은 다음과 같다. 첫째, 의약품 임상시험 진입을 용이하게 함으로서 신약개발기반을 구축하기 위함이고, 둘째, 다국가 공동임상시험을 적극 유치하여 국내 임상시험 수준을 향상시키고 해외의 신약 개발기술을 습득하기 위함이며, 셋째, 우리나라 의약품임상시험 및 신약허가제도를 국제적 기준과 조화시키고 다국적 제약기업의 투자를 활성화하여 세계적인 수준의 제약산업을 육성하기 위함이다. 현재 우리나라는 식품의약품안전처에서 IND와 IRB에서의 시험기관 허가승인을 동시에 하고 있다.

7) 신약허가신청(NDA : New Drug Application)

신약허가신청은 사람을 대상으로 임상시험이 성공적으로 마치게 되면 시험결과를 식약청에 제출하여 신약으로 시판허가를 신청하게 된다. NDA는 의약품등의 안전성, 유효성 심사에 관한 규정으로, 적응증에 대한 임상적 유의성을 평가한 임상시험 성적 관련 자료를 제출한다. 여기에는 국내, 해외의 약동학(PK), 약력학(PD), 용량반응(Dose Response), 안전성(Safety), 효능(Efficacy) 정보가 포함된다.

8) 임상시험의 다양성

임상시험에서 다양성은 매우 중요하다. 다양한 인종, 민족, 연령, 성별, 성적 취향을 가진 사람들이 참여하는 것이 중요하다. 일부 약물은 사람들에게 다르게 영향을 미친다. 예를 들어, 어떤 혈압 약은 다른 인종보다 아프리카계 미국인들에게는 효과가 덜하다. 다양한 참여자들이 포함되면 연구를 발전시키고 다양한 인구들에게 불균형적으로 영향을 주는 질병을 이길 수 있는 더 나은 방법을 찾는 데 도움이 된다. 그러나 실제 임상시험은 지역적, 인종적, 민족적, 성별, 나이별로 다양한 참여자들의 대표성이 부족하다. 아프리카계 미국인들은 미국 인구의 12%를 구성하고 있는데도 불구하고 임상시험 참여자의 5%를 차지할 뿐이다. 히스패닉은 미국 인구의 16%를 구성하지만 임상시험 참여자로는 불과 1%뿐이다. 인종별 지역별 성별 그리고 나이별로 약물의 효과가 다르게 나타날 수 있기 때문에 임상시험도 다양한 지역, 인종,

성별, 나이별로 다양하게 참여해야 한다. 최근에는 지역별로 허가기준이 다르기 때문에 신속한 허가를 위하여 Multinational, Multicenter로 진행하기도 한다.

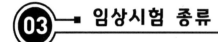

03 → 임상시험 종류

1) 연구설계에 따른 종류

① 관찰적 연구

● 환자사례보고(Case report)

특정한 약물을 복용한 후에 특이한 유해사례를 나타낸 1명의 환자에 대한 경과를 기술하여 보고한다.

● 환자군 연구(Case series study)

신약 시판 후, 복용하기 시작한 환자들의 명단을 확보하여 일정한 기간 동안 특정 유해반응의 발생 양상과 빈도를 파악한다.

● 환자-대조군연구(Case-control study)

특정질병을 가진 사람(환자)과 그 질병이 없는 사람을 선정하여 질병발생과 관련이 있다고 생각되는 어떤 배경인자나 위험요인에 대해 노출된 정도를 상호 비교하는 연구로 subjects를 질병유무에 따라 분류한다.

01 특정 질병을 가진 환자군 vs. 대조군 선정

02 두 집단에 속한 사람들의 과거 노출경험 비교

03 질병발생에 유의하게 관련되는 위험요인 파악

◉ 코호트연구(Cohort study)

모집단에서 어떤 질병의 원인으로 의심되는 위험요인에 노출된 집단(노출 코호트)과 노출되지 않은 집단(비노출 코호트)을 대상으로 일정 기간 두 집단의 질병발생 빈도를 추적 조사하여 위험요인에 대한 노출과 특정 질병발생의 연관성을 규명하는 연구로 subjects를 노출여부에 따라 분류한다.

01 약물에 의한 이상반응을 경험하지 않은 사람 선정
02 약물 복용군과 약물 비복용군 추적관찰
03 연구대상 이상반응 발생률 비교
04 특정 약물과 이상반응간의 관련성 판정

② 실험적 연구

◉ 무작위배정 임상시험(Randomized Clinical Trial)

임상시험 과정에서 발생할 수 있는 치우침을 줄이기 위해 확률의 원리에 따라 피험자를 할당될 그룹에 무작위로 배정하는 기법으로 공정하고 중립적이며 타당한 연구를 지향한다.

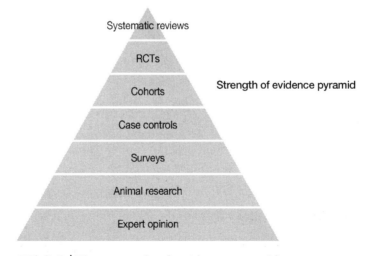

그림 2-2 | The strength of evidence pyramid

01 모든 피험자들이 시험군에 배정될 확률과 대조군에 배정될 확률이 같도록 보장

02 처치 군간 비교가능성(Comparability) 보장

03 눈가림을 유지 보장

04 시험자의 임의 배정으로 발생될 수 있는 bias를 제거함

2) 연구시점에 따른 종류

◉ 전향적 연구(Prospective study)

연구시작 시점에서 앞으로 발생하는 자료를 이용한다.

01 예상된 원인을 조사하는 것으로 시작하여 예상된 결과가 나타날 때까지 측정하는 연구

02 코호트 연구 (Cohort study)로 불리기도 함

03 장기간 자료수집으로 탈락자 발생, 제3변수 발생, 시험효과 등 타당도 위협

◉ 후향적 연구(Retrospective study)

이미 있는 과거자료를 이용한다.

01 현존하는 어떤 현상이 과거에 일어난 다른 현상과 연계될 수 있는가에 대한 사후조사연구

02 원인적 요인을 규명하려는 과거지향적 연구로 실험연구와 반대

03 인과관계 설명 불충분(독립변수 조작하지 않음, 대상자 무작위 선정하지 않음.)

3) 연구 주도자에 따른 종류

◉ 연구자 주도 임상시험(IIT : Investigator Initiated Trial)

연구자 주도 임상은 말 그대로 대학이나 병원 등 연구시설에 소속된 연구자가 주

도하는 임상이다. 연구자가 임상시험의 기획, 프로토콜 개발, 임상시험 수행, 결과보고 등 임상시험의 모든 과정을 주도하고 책임지는 임상시험이다. 연구자가 임상 상황에서 발견한 medical unmet need에 주목하여 특정 의약품의 알려지지 않은 효능 또는 안전성 등을 확인하거나, 새로운 치료전략의 유효성을 검증하고자 할 때 수행한다.

의뢰자 주도 임상시험과 달리 학술적 성격의 연구 진행이 가능하고, 희귀암등 치료약물이 없는 치료법 개발이 가능하며, 기존에 개발된 약의 새로운 적응증을 찾아낼 수 있다. 최근에는 연구자주도 임상시험이 더욱 활발해져 미국에서 진행되는 임상시험의 50% 이상을 차지하고 있으며, 대규모, 다국가 임상시험도 연구자 주도로 진행되는 경우가 많다. 연구자 주도 임상시험은 새로운 적응증 개발은 물론 국내 제약산업의 발전과 국내 연구자들의 국제 경쟁력을 올릴 수 있는 기회이다.

◉ 의뢰자 주도 임상시험(SIT : Sponsor Initiated Trial)

의뢰자는 주로 제약사이며 의뢰자 임상시험은 흔히 제약사가 신약개발을 위하여 혹은 추가적으로 약의 효용성과 안정성을 증명하기 위하여 제약사가 연구비를 지원하여 이루어지는 임상시험을 말한다.

04 ▶ 임상시험 승인절차

01 임상시험 의뢰자는 임상시험계획서를 작성하여 식품의약품 안전처와 실시기관 내 임상시험심사위원회(IRB)에 승인신청을 한다.

02 식품의약품안전처와 실시기관 내 임상시험심사위원회(IRB)에서는 임상시험계획서를 세밀히 검토 후 승인여부를 결정한다.

03 임상시험 의뢰자는 신약후보물질에 대한 안전성과 유효성을 검증하기 위해

시험책임자에게 임상시험 실시를 요청한다.

04 시험책임자는 피험자에게 임상시험에 대해 충분히 설명한 후 동의서를 받으며, 임상시험계획서에 따라 과학적이고 윤리적인 임상시험을 진행한다.

05 임상시험과 관련하여 식품의약품안전처는 임상시험 실시기관, 임상시험의뢰자, 시험책임자등에 대한 실태조사를 실시할 수 있다.

06 식품의약품안전처의 신약후보물질의 안전성과 유효성을 평가하여 신약허가 여부를 결정하고, 신약허가를 받은 후 판매할 수 있다.

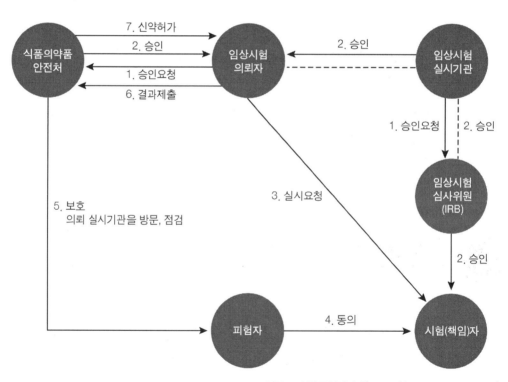

자료 : 의약품안전나라(https://nedrug.mfds.go.kr)

그림 2-3 | 임상시험 승인절차

05 ▸ 임상시험계획서

1) 임상시험계획 승인신청시 제출자료

〈의약품 등의 안전에 관한 규칙 제24조 제1항에 따른 제출자료 항목〉

1. 임상시험 계획서 또는 임상시험 변경계획서
2. 개발계획(변경하려는 사항에 관한 변경사유서)
   별표 1의 의약품 제조 및 품질관리기준 및 별표 4의2의 임상시험용의약품 제조 및 품질관리기준에 맞게 제조되었음을 증명하는 서류 또는 자료. 다음 각 목에 해당하는 경우에는 해당
3. 기준에 맞게 제조되었음을 증명하는 서류 또는 자료를 추가로 제출
   가. 생물학적제제등: 별표 3의 생물학적제제등 제조 및 품질관리기준
   나. 방사성의약품: 별표 3의 2의 방사성의약품 제조 및 품질관리기준
   다. 의료용 고압가스: 별표 3의 3의 의료용 고압가스 제조 및 품질관리기준
4. 임상시험용의약품 관련 제조 및 품질에 관한 자료
5. 비임상시험성적에 관한 자료
6. 시험약의 과거 임상적 사용경험에 관한 자료(제출할 수 있는 경우만 해당)
7. 임상시험 관련 실시기관, 시험자 및 수탁기관 등에 관한 자료
8. 임상시험 피해자 보상에 관한 규약
9. 시험대상자 동의서 서식
10. 임상시험자자료집

2) 임상시험계획서에 수록되어야 할 내용

〈의약품 등의 안전에 관한 규칙 제24조 제2항〉

1. 시험의 제목, 단계, 계획서 식별번호 및 제개정이력 등
2. 시험계획서 요약
3. 서론(배경, 이론적 근거, 유익성·위험성 평가 및 용량 설정 근거 등)
4. 시험의 목적
5. 시험모집단(대상자수, 선정기준, 제외기준 및 중도탈락기준 등)
6. 시험 설계 내용(시험기간, 시험군·대조군, 배정, 눈가림 및 흐름도 등)
7. 시험 종료 및 조기중단 기준
8. 임상시험용의약품의 정보 및 관리(표시 및 포장, 투여경로, 투여방법, 보관조건, 수불관리, 회수 및 폐기 등)
9. 시험의 방법 및 투약계획 등(투여 및 치료일정, 병용약물, 투여금지 약물 및 치료순응도 등)
10. 시험 절차 및 평가(방문일정, 시험일정표, 유효성·안전성 평가변수와 평가 및 이상반응 보고 등)
11. 자료 분석 및 통계학적 고려사항(분석군, 통계분석방법, 판정기준, 분석시기 및 대상자수 설정근거 등)
12. 자료 관리(기록, 수집, 접근, 보호 및 보관 등)
13. 윤리적 고려사항 및 행정적 절차(임상시험관리기준 및 동의절차 등 규정, 윤리준수, 대상자 안전보호 대책, 결과발표, 환자기록 비밀유지, 품질관리 및 신뢰성 보증 등)
14. 임상시험을 하려는 자(이하 "임상시험 의뢰자"라 한다)의 정보, 시험책임자 성명 및 직책
15. 그 밖에 임상시험을 안전하게 과학적으로 실시하기 위하여 필요한 사항

의약품 품목허가

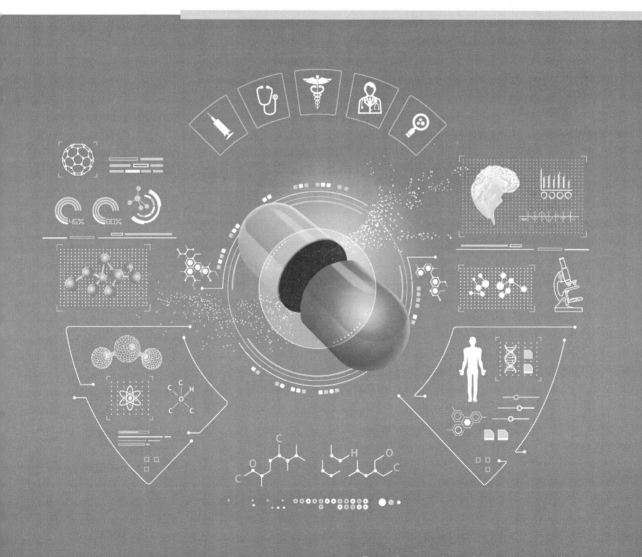

Drug Approvals and Regulatory Affairs

의약품 허가 절차

    국내에서 의약품이 제조되거나 수입되어 판매되기 위해서는 식품의약품안전처(이하 식약처)의 허가 및 사후 관리를 받게 되어 있다. 식약처는 식품 및 의약품을 안전하게 관리하여 국민들이 안전하고 건강한 삶을 영위할 수 있게 하고자 설립된 행정기관이다. 식약처는 의약품 등의 제조, 수입, 품목허가, 품질관리, 사후관리 등 의약품 제조와 유통과정에 포괄적으로 관여하며 규제한다. 의약품의 제조, 수입, 품목허가와 관련하여 식약처는 의약품이 기준규격을 설정하고 안전성 및 유효성 심사를 실시한다.

    의약품 허가과정을 살펴보면 <그림 3-1>과 같다.

 신약/자료제출의약품/제네릭의약품 허가 신청 시 제출자료

    의약품등의 제조판매·수입 품목허가 또는 품목변경허가를 받거나 제조판매·수입 품목신고 또는 품목변경신고를 하려는 자가 제출하여야 하는 자료는 아래 표와 같다. 자료제출 대상 품목, 자료 작성요령, 각 자료의 요건 및 면제범위·심사기준 등에 관한 세부 규정과 독성 및 약리작용 등에 관한 자료의 작성을 위하여 실시하는 비임상시험의 관리에 필요한 사항은 식품의약품안전처장이 정하여 고시하는 바에 따른다.

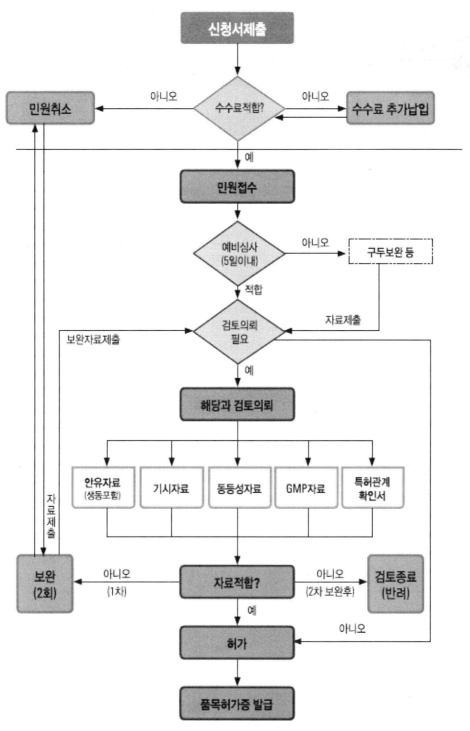

자료 : 식품의약품안전처, 2017, 의약품 품목 허가·심사 절차의 이해

그림 3-1 | 의약품의 허가과정.

표 3-1 | 의약품 허가/신고 신청 시 제출자료

		분류	대상	제출자료
등록	원료의약품	원료의약품 등록 (DMF)	• `02년 7월 1일 이후 신약 원료물질 • 식약처장 지정 원료 (원료의약품등록에 관한 규정 「별표1」 참고) • 인태반 유래물질	• 시설에 관한 자료 • 물리화학적 특성 및 안정성 자료 • 제조방법, 포장, 용기, 취급사항 • GMP 증명자료 • 시험증명서, 분석방법 자료
품목허가		원료의약품 품목허가	• 상기 외의 원료 - 제조업자가 완제의약품 제조를 위한 직접 수입원료 제외	• 기준 및 시험방법 자료(55일) • GMP 자료(60일) • 제조 및 판매증명서 수입품 • 특허관계확인서
	완제의약품	신약	• 화학구조나 본질 조성이 전혀 새로운 신물질의약품	• 안전성, 유효성자료(70일) • 기준 및 시험방법 자료(55일)
		자료제출 의약품	• 신약 외에 안정성·유효성 심사가 별도로 필요한 의약품 예) 새로운 효능군 의약품, 새로운 조성 또는 함량증감, 새로운 투여경로 의약품	• 제조 및 판매증명서(수입품) • GMP 자료(90일) • DMF 자료(120일) - 이미 등록된 원료의약품의 경우는 생략
		제네릭 의약품* (생동성시험대상)	• 기허가된 신약(대조약)과 주성분, 제형 함량이 동일한 의약품	• 안전성, 유효성자료(70일) - 생물학적동등성시험자료 • 기준 및 시험방법 자료(55일) • 제조 및 판매증명서(수입품) • GMP 자료(90일) • 특허관계확인서
		단순허가 (안전성, 유효성 심사면제)	• 의약품집(공정서) 수재 의약품으로서 최초 허가품목	• 제조 및 판매증명서(수입품)
품목신고	원료·완제의약품	신고	• 대한민국약전, 식약처장 인정 공정서 수재품목 • 표준제조기준 품목 • 기준 및 시험방법 고시 품목	• 기준 및 시험방법 자료(40일) • 의약품동등성검사(40일) • 제조 및 판매증명서(수입품) • GMP 자료(90일) • 특허관계확인서

*지방청 허가 및 신고

자료 : 식품의약품안전처, 2017, 의약품 품목 허가·심사 절차의 이해

03 안전성 · 유효성 자료 심사

식품의약품안전처에서 의약품의 안전성·유효성을 평가하기 위해서 의약품 기초정보를 포함한 다음의 내용들을 고려한다.

1) 기원 또는 발견 및 개발경위에 관한 자료

◉ 일반적 고려사항

• 관련 질환에 대한 병인적 상태, 환자분포, 발병율, 치료율 등 역학적 현황, 치료 약제 현황 등이 설명되었는가?

• 당해 의약품에 대한 판단에 도움을 줄 수 있도록 6하 원칙에 따라 명료하게 기재된 자료(예 : 언제, 어디서, 누가, 무엇으로부터 추출, 분리 또는 합성하였고 발견의 근원이 된 것은 무엇이며, 기초시험·임상시험 등에 들어간 것은 언제, 어디서였나 등)

• 제안된 효능·효과 및 약리 기전은 무엇이며 국내 기허가 품목 중 유사기전으로 작용하는 제제가 있는가?

• 제안된 용법·용량, 투여기간, 투여경로는 무엇인가?

• 약물 및 제형의 화학적 또는 물리화학적 중요사항은 무엇인가?

• 신청제제에 대한 특이사항이 있는가?(예, 기존 치료제에 비해 부작용 발현을 감소시킴. 제제개선을 하여 흡수율을 증가시킴 등)

• 국내 임상시험을 실시한 품목의 경우 승인된 임상시험계획에 관한 사항이 간략하게 기술된 자료

◉ 개발경위에 관한 자료

• 대상질환의 치료학적 방법 및 현재의 약물요법이 기록되었는가?

• 신청된 제품에 대한 특징이 적절한가? 뒷받침하는 자료가 있는가?

- 최신의 해외 개발 및 판매현황이 기록되었는가?
- 국내외 신청, 승인 및 허가 취소 등 제품 이력 등이 적절히 기술되었는가?
- 유사한 약물에 관한 정보(목록)가 적절히 주어졌는가?
- 사전상담을 실시한 경우 상세사항이 적절히 기술되었는가?
- 소아 적응증이 예측되는 경우 소아개발 프로그램이 설명되었는가?

2) 구조결정·물리화학적 성질 및 생물학적성질에 관한 자료(품질에 관한 자료)

◉ 일반적 고려사항

- 의약품으로서의 기본적 요건에 대한 판단에 도움이 되는 안전성·유효성 검토와 관련된 사항인 최종 원료규격의 기원, 본질, 조성, 제조방법, 유효성분 함량기준, 순도시험(비소 등 중금속 함유기준 등) 등을 기재한 구조결정·물리화학적 성질에 관한 자료가 제출되었는가?

◉ 구조결정 및 물리화학적 성질 등

- 주성분 명칭, 화학식, 구조식, 분자식, 분자량에 대하여 설명되었는가?
- 최종 원료(주성분 및 첨가제) 규격의 기원, 본질, 조성, 제조방법, 유효성분 함량기준, 순도시험(비소 등 중금속 함유기준 등)이 제시되어 있는가?
- 생물학적 활성, 함량, 순도 등을 기재한 생물학적 성질에 관한 자료

◉ 기준 및 시험방법

- 심사대상품목의 품질수준과 규격 등을 확인할 수 있는가?

◉ 완제의약품 설계

- 약제학적 변경, 특히 서방성 및 기타 방출제어 의약품의 경우, 의약품설계 개념이 구체적이고 타당하게 설명되었는가?
- 첨가제의 주성분 사용례, 주성분 1일 최저사용량의 1/5이 초과하지 않는가?
- 새로운 첨가제를 사용하였는가?

- 보존제를 사용하는 경우 종류와 사용범위가 "의약품의품목허가신고심사규정 [별표8]"에 적합한가?
- 착색제로서 타르색소를 사용하는 경우 관련규정에 적합한가?
- 의약품 등의 안전에 관한 규칙 제11조에 따른 품목허가 또는 신고의 제한 대상에 해당하지 않는가?

3) 안정성에 관한 자료

◉ 일반적 고려사항

- 의약품등의 안정성시험기준(식약처고시)에 적합한가?
- 국내에서 실시된 자료로서 시험기초자료 등을 첨부하였는가? 외국에서 시험한 자료인 경우 안정성을 확보할 수 있다고 판단되는가?
- 안정성시험에서 분해산물의 조사가 적절한가? 적절한 시험 항목과 기준이 설정되었는가? 시험방법이 적절한가?
- 안정성시험이 3로트에 대하여 실시되었는가?
- 사용기간과 저장방법이 제출자료에 근거하여 적절히 신청되었는가?
- 여러 함량으로 신청되었을 경우 함량별로 적절한 안정성 시험이 수행되었는가?
- 포장용기, 재질에 대한 설명이 있는가?

4) 독성에 관한 자료

◉ 일반적인 고려사항

- GLP를 준수하여 의약품등의 독성시험기준(식약처고시)에 적합하게 시험이 수행되었는가? 의약품등의 독성시험기준에 따른 시험이 아닌 경우 시험방법 및 평가기준 등이 과학적·합리적으로 타당한가?
- 주요 대사산물, 약물의 유연물질 및 분해생성물의 독성에 대해서 평가하였는가?
- 의약품 개발 중 제형 또는 조성의 변경에 있어서 적용된 시험이 적절하고 명확한가?

- 의약품 개발 중 주성분의 변경에 있어서 독성·동태학 시험을 통해 설명되고 있는가?

◉ **개개 시험별 고려사항**

① **단회투여독성 시험**

- 어떤 용량단계에서 사망례가 있었는지, 용량설정 이유의 타당성이 설명되는가?
- 임상투여경로로 시험하였는가? 이와 다르다면 그 타당성이 설명되는가?
- 대략의 치사량(광범위하게 최소)이 조사되었는가?
- 독성시험 결과와 시험물질간의 상관관계가 연구되었는가?

② **반복투여독성 시험**

- 용량결정 적절성이 설명되었는가?
- 임상투여경로로 시험하였는가? 이와 다르다면 그 타당성이 설명되었는가?
- 독성동태(TK)연구가 수행되었는가?
- 용량단계의 타당성이 설명되었는가?
- 고용량군에서 어떤 독성이 나타났는가?
- 성별에 따른 차이가 시험자료에 언급되었는가?
- 독성시험결과의 특이적 독성증상에 대하여 필요시 시험약과의 인과관계 및 발현기전(onset mechanism)이 연구되었는가?
- 독성시험 결과와 임상시험 등에서 관찰된 이상반응의 비교검토가 수행되었는가?
- 필요시 회복시험이 수행되었는가?
- 무독성용량 추정의 설명이 타당한가?
- 무독성용량과 임상용량간의 상관성이 연구되었는가?

③ **유전독성시험**

- 원칙적으로 최소한 아래 3종류의 개별 유전독성시험이 수행되었는가?

- 3종류의 시험결과가 종합적으로 평가되었는가?
- 실시된 시험에서 양성결과가 관찰되었다면, in-vivo 유전독성 잠재성이 적절히 연구되었는가?

③-1. 박테리아를 이용한 복귀돌연변이 시험
- 시험이 적절한 균주를 사용하였는가?
- 적절한 시험방법으로 수행되었는가?
- 적합한 용량을 사용하여 시험하였는가?
- 음성 및 양성대조군이 적절한 결과를 나타내었는가?
- 매 용량마다 3매 이상의 플레이트를 사용하였는가?
- 적절한 평가가 이루어졌는가?

③-2. 포유류 배양세포를 이용한 염색체이상시험
- 시험이 적절한 세포를 사용하였는가?
- 적절한 시험방법으로 수행되었는가?
- 적합한 용량을 사용하여 시험하였는가?
- 음성 및 양성대조군이 적절한 결과를 나타내었는가?
- 적절한 평가가 이루어졌는가?

③-3. 설치류 소핵시험
- 적합한 용량을 사용하여 시험하였는가?
- 적절한 평가가 이루어졌는가?

④ 생식발생독성시험
- 용량설정 근거가 설명되었는가?
- 임상투여경로로 시험하였는가? 이와 다르다면 그 타당성이 설명되었는가?
- 시험계가 생식에 대한 영향을 적절히 평가할 수 있으며 대상 환자군(신청 효능

효과에 설정된 환자군)에 맞게 실시되었는가?

- 고용량군에서 어떤 독성이 나타났는가?
- 독성시험결과의 특이적 독성증상에 대한 시험약과의 인과관계 및 발현기전 (onset mechanism)이 연구되었는가?
- 무독성용량 추정의 설명이 타당한가?
- 무독성용량과 임상용량간의 상관성이 연구되었는가?

⑤ 발암성 시험

- 발암성 시험이 수행되었는가? 그렇지 않다면 타당한 근거가 있는가?
- 임상투여경로로 시험하였는가? 이와 다르다면 그 타당성이 설명되었는가?
- 용량결정 시험이 수행되었는가?
- 용량단계의 타당성이 설명되었는가?
- 저용량군 및 고용량군의 결과가 용량 선택 이유와 일관성이 있는가?
- 시험의 종료시험에서 시험약물이 아닌 다른 원인들로 인한 사망의 비율이 적절한 수준인가?
- 발암기전을 포함한 신생물 시험결과가 연구되었는가?
- 비-신생물 병변에 대해서도 안전성이 연구되었는가?

⑥ 기타 독성 시험

- 국소독성시험이 수행되었는가? 그렇지 않다면 타당한 근거가 있는가?
- 의존성시험이 수행되었는가? 그렇지 않다면 타당한 근거가 있는가?
- 항원성시험이 수행되었는가? 그렇지 않다면 타당한 근거가 있는가?
- 피부외용제인 경우에는 피부감작성시험이 실시되었는가?
- 면역독성 시험이 수행되었는가? 그렇지 않다면 타당한 근거가 있는가?
- 피부 광감작성 시험이 수행되었는가? 그렇지 않다면 타당한 근거가 있는가?

5) 약리작용에 관한 자료

◉ 일반적인 고려사항

• 제출된 약리시험자료의 요건이 「의약품의 품목허가·신고·심사규정」(식약처 고시) 제7조 제5호 가목"에 적합한가?

• 자료가 현재 수준의 과학적 근거에 기초하여 작성되었는가?

• 시험 자료가 종합적으로 관찰되었으며 어떤 이상이 없었는가? 이상이 발견되었다면 그 타당성이 설명되었는가?

• 다양한 약리학적 연구의 결과들에 있어서 실험모델 및 실험방법 설정이 타당하였는가?

• 시험들이 흡수·분포·대사·배설 및 일반적인 동물 종, 실험실적 조건 등 약리시험 결과를 상호 비교할 수 있도록 실시되었는가?

• 투여시 생체내에서 생성되는 각각의 대사산물(특히 활성 대사체 : 라세믹체인 경우 광학이성체)의 약리학적 작용이 연구되었는가?

• 임상에서 잠재적으로 병용될 수 있는 약물과의 약동학적/약력학적 약물상호작용이 고려되었는가?

◉ 개개 시험별 고려사항

① 효력시험자료

①-1. 작용기전

• 작용기전에 대하여 연구되었는가?

①-2. 효력시험

• 적절한 실험실적 시험계가 선택되었는가?

• 용량 상관성이 있는가?

• 작용이 선택적인가?

• 적절한 대조군이 선택되었는가?

• 제출된 일련의 시험이 임상적 효과를 지지하는가?

② 일반약리시험자료 또는 안전성약리시험자료

- 중추신경계, 심혈관계, 호흡기계에 미치는 영향에 대한 시험이 이루어졌는가?
- 적절한 실험실적 시험계가 선택되었는가?
- 사용된 용량 또는 농도범위가 적정한가?
- 인체에서의 임상용량으로 외삽하는 것이 설명되었는가?
- 작용기전 등으로 인해 예측되는 이상반응이 연구되었는가?

③ 흡수·분포·대사·배설시험 자료

③-1. 일반적인 고려사항

- 시험약물의 ADME 특성을 파악하기 위하여 적절한 약동학시험 파라미터와 방법이 선택되었는가?
- 최신의 과학수준을 근거로 자료가 작성되었는가?
- 비임상 약동학 자료가 독성약리시험과 상호비교(cross-reference)가 가능하며, 임상 약동학 자료가 임상시험과 상호비교가 가능한가?
- 종차(species difference; 동물 대 동물, 동물과 사람 간)가 적절히 설명되었는가?
- 필요시 시험약물이 광학활성을 가지는지, 치료학적 효과 및 이상반응 발생에 중요하다고 생각되는 대사체의 약동학이 시험되었는가?

③-2. 개별 고려사항

- 정량분석
  - 약동학 시험에 사용된 정량분석 및 분석방법의 타당성을 설명하는 자료가 있는가?
  - 시험약물 등의 농도를 측정할 수 없는 경우 이것의 배경이 설명되었는가?

- 제제(product) 및 주성분원료(substance)
  - 시험약물 및 주성분(지표물질 markers 포함)이 시험목적을 위해 적절히 선택되었는가?

- 흡수
  - 약물투여후 흡수율과 속도 및 초회통과 효과가 평가되었는가?
  - 임상투여경로를 통한 흡수가 평가되었으며, 또한 필요한 경우 흡수에 영향을 미치는 인자들(음식의 영향을 포함)에 대해서 시험되었는가?

- 분포
  - 분포용적, 혈장단백결합(혈장단백의 종류와 비결합분율), 혈구세포 이행비율 등이 결정되었는가?
  - 동물에 대한 단회 및 반복투여 시험이 수행되었으며, 기관 및 조직으로의 분포, 시간에 따른 변화, 축적에 대해서 시험되었는가?
  - 태반, 태아, 유즙으로의 이행에 대해서 시험하였는가?

- 대사
  - 동물에서의 시험약물 및 그 주요 대사체가 규명 및 분석되었는가?
  - 동물에서의 추정 대사경로와 대사율 및 속도가 규명되었는가? 더 나아가 주된 효소가 규명되었는가?
  - 대사효소에 대한 약물의 효과(억제 또는 유도)가 시험되었는가?

- 배설
  - 동물에서의 시험약물과 그 주요 대사체의 배설경로, 배설량 및 배설율이 규명되었는가? 필요한 경우, 배설에 영향을 주는 인자가 시험되었는가?
  - 담즙배설 및 장간순환이 있는가?

- 약물상호작용 등에 관한 자료
  - 임상에서의 약물상호작용을 예측할 수 있는 *in vitro* 시험 또는 *in vivo* 시험이 적절히 실시되었는가?

6) 임상시험 성적에 관한 자료

◉ 일반적 고려사항

① 제출자료목록 및 요건 확인

• 제출된 임상시험자료의 요건이 "의약품의 품목허가·신고·심사규정(식약처고시)" 제7조제6호에 적합한가?

• 국내에서 수행한 모든 임상시험결과가 신청 자료로 제출되었는가?

• 외국 임상자료의 경우, 수행된 시험이 목록화 되어 있는가?

• 제출된 자료에 참조된 것 이외에 다른 중요한 시험이 수행되었는가?

② 임상적 고려사항 : 전반적 개발 프로그램의 평가

• 전반적인 개발 프로그램 안에서 각 시험의 역할이 규정되어 있으며, 다음 단계로의 진행 근거가 설명되었는가?

◉ 개별 임상시험 결과보고서

① 시험디자인

• 시험목적에 맞게 디자인이 설정되었는가?

• 신청 효능·효과의 타당성을 입증할 수 있는 적절한 피험자군을 대상으로 시험하였는가?

• 제출된 임상시험자료에 기술된 시험약의 투여용량 및 투여방법은 신청 용법·용량과 일치하는가?

• 시험약을 평가하기에 적정한 투여기간으로 실시되었는가?

• 기존 치료약물의 효과를 배제하기 위한 휴약기가 있었는가?

• 병용 치료요법이 사용된 경우, 그 역할과 영향이 적절히 평가되었는가?

• 시험대상자의 등록 및 배정방법이 적절하였는가?

② 인구학적 정보

• 선정/제외 기준에 적합한 피험자가 참여하였는가?

• 비교시험에 있어서, 인구학적 정보의 그룹 간 편차의 증거는 없는가?

③ 시험계획서 순응성

• 환자에게 약물을 적절하게 투여하였는가? (약물 순응도)
• 시험계획서에 따라 용량조절, 용량유지, 투약중단이 이루어졌는가?
• 유효성평가 : 임상시험계획서에 명시된 시점에서 유효성 변수들이 적절하게 평가되었는가?
• 안전성평가 : 임상시험계획서에 명시된 시점에서 안전성 변수들이 적절하게 평가되었는가?
• 임상시험계획서에 미리 명시된 대로 시험대상자 배정과 눈가림이 수행되었는가?

④ 시험대상자 모집

• 미리 예정된 대상자수가 모집되었는가?

⑤ 제외/탈락

• 제외사례들이 제외기준과 일치하는가?

⑥ 일반적 임상약리 (약동학–약력학)

• 신청된 의약품의 약동학 및 약력학 특성 및 상호 용량 관계에 관한 정보를 제공한다.

⑥-1. 임상약리시험 설계 및 약력학 평가항목 등은 적절한가?

• 신청한 용법·용량 및 효능을 뒷받침하기 위해 실시한 임상시험 및 임상 약리시험 설계의 특징은 무엇인가?
• 약력학 평가항목이 임상적 평가변수 및 대리표지자와 상관관계가 있는가?
• 반응 결과 변수(예: 임상적 평가변수, 대리표지자) 또는 생체지표를 설정한 배경은 무엇인가? 임상 연구들과 임상 약리 연구에서 이들이 어떻게 측정되었는가?

⑥-2. 약물 및 주요 대사체의 노출-반응 관계의 특성은 무엇인가?

- 유효성에 대한 노출-반응 관계의 특성은 무엇인가? (용량-반응, 농도-반응)상관 관계가 있다면 원하는 임상 결과 변수 또는 약리 반응의 시작점 또는 종료점을 설명한다(필요시 용량-농도 관계의 선형 또는 비선형여부 및 장기투여 시 약동학 변수의 변화 등).

- 안전성에 대한 노출-반응 관계의 특성은 무엇인가? (용량-반응, 농도-반응) 상관 관계가 있다면 원치 않는 임상 결과 변수 또는 약리학 반응의 시작점 또는 종료점을 설명한다(필요시 용량-농도 관계의 선형 또는 비선형 여부 및 장기투여 시 약동학 변수의 변화 등).

- 약물이 QT 간격이나 QTc 간격을 연장시키는가?

- 신청인에 의해서 선정된 용법과 용량이 알려진 용량-농도-반응 관계와 일치하는 가? 용량 및 투여와 관련하여 밝혀지지 않은 문제는 없는가?

⑥-3. 약물 및 주요 대사체의 약동학적 특성은 무엇인가?

- 신청 용법·용량 범위 이상에서 약물의 체내동태를 평가하였는가?

- 시험약물 및 그 대사체의 체내동태를 평가하였는가?
  - 혈장에서 활성 모핵을 어떻게 확인하였으며 측정하였는가?
  - 임상약리시험을 위해서 대사체가 분석되었는가? 분석되었다면 어떤 대사체를 선택하였는가?
  - 측정된 모핵은 유리형인가, 결합형인가 또는 두가지 모두를 측정하였는가?

- 단회 투여 및 반복 투여시 산출한 약동학 변수는 무엇인가?

- 환자에서의 약물 및 주요 대사체의 약동학 변수들은 건강한 지원자와 비교하여 어떠한 차이가 있는가?

- 약물 흡수, 분포, 대사, 배설의 특성은 무엇인가? (단백 결합을 포함하여 pH 및 수송체에 대한 논의, 배설율, 대사경로, 대사를 담당하는 효소 및 약물 비율 클리어런스에 대한 자료 등)

- PK 변수에 근거하여, 어느 정도나 용량-농도 관계에 선형성 또는 비선형성이

있는가?

- 장기 투여시 약동학 변수는 어떻게 변화하는가? (정상상태 도달시간, 축적율 등)

- 건강한 성인과 환자에서 피험자내 및 피험자간 변동성은 어느 정도이며, 변동성을 나타내는 주요 원인은 무엇인가?

- 약물의 대사, 활성대사체, 대사와 관련된 약물 상호작용, 단백 결합 등과 관련하여 밝혀지지 않은 문제는 없는가?

⑥-4. 내인성 및 외인성 인자가 약동학에 미치는 영향은 어떠한가?

- 내인성 인자(연령, 성별, 인종, 체중, 키, 질병, 유전다형, 임신, 기능장애 등)가 약동학 및 임상적 반응에 영향을 미치는가? 이로 인한 노출(또는 반응)의 차이가 유효성이나 안전성에 영향을 미칠 수 있는가?

  - 고령자에서의 노출이 적절히 연구되었는가?

    * 질환의 특성을 고려할 때 고령자에게 투여될 가능성이 높은가?

    * 간 또는 신장을 통해 배설되는 약물인가?

    * 체지방으로 축적되거나 단백결합률이 높은 약물인가?

  - 소아에서의 노출이 적절히 연구되었는가?

    * 질환의 특성을 고려할 때 소아에게 투여될 가능성이 높은가?

    * 소아환자에서의 질병 진행 및 치료 결과가 성인과 유사한가?

    * 약동학 자료로서 유효성을 외삽한 경우(용법용량을 설정한 경우), 성인과 소아에서 유사한 노출이 유사한 유효성을 나타낸다고 가정할 수 있는가?

    * 약력학 자료로서 유효성을 외삽한 경우, 약력학 변수는 치료 효과를 예측하기에 충분한가?

  - 신장애 환자에서의 노출이 적절히 연구되었는가?

    * 약물 및 활성 대사체가 좁은 치료지수(therapeutic index)를 나타내는가?

    * 배설 및 대사가 주로 신장을 통해 일어나는가?

    * 신장애가 약물, 활성대사체 또는 독성대사체의 약동학을 유의적으로 변화시킬 가능성이 있는가?

- 외인성 인자(약물, 식이, 흡연, 알코올 등)가 약동학 및 임상적 반응에 영향을 미치는가? 이로 인한 노출(또는 반응)의 차이가 유효성이나 안전성에 영향을 미칠 수 있는가?
  - 약물상호작용이 적절히 평가되었는가?
    * in vitro 시험에서 약물상호작용이 예상되는가?
    * 약물의 주요 대사경로는 무엇인가?
    * 약물이 Cytochrome P450및 P-당단백(P-glycoprotein)의 기질, 유도제 또는 억제제인가?
    * 질환 및 환자의 특성을 고려할 때, 병용투여의 가능성이 높은 약물은 무엇인가?
    * 허가사항에 병용투여가 명시된 약물이 있는가?
    * 약물의 작용기전을 바탕으로 고려할 때 약력학적 상호작용이 예상되는 약물이 있는가?
  - 음식물에 의한 영향이 적절히 평가되었는가?
    * 약물의 투여 경로, 흡수부위 및 물리화학적 성질(용출율, pH에 따른 안정성 등)을 고려할 때 음식물로 인한 생리환경의 변화가 약물의 노출에 영향을 줄 수 있는가?
    * 제제화(예 : 방출 조절기제 등)에 의하여 음식물의 영향을 받을 수 있는 가능성이 있는가?
    * 자몽주스(CYP3A4 억제) 등이 약물 흡수에 영향을 줄 가능성이 있는가?

⑥-5. 제품 개발과정 중 제제 변경이 있었는가?(생물약제학 시험)

- 신청한 의약품의 전반적인 제제 개발 과정은 어떠하였는가?
- 제제 개선에 따른 동등성 여부를 확인하기 위하여 실시한 시험은 무엇인가?
- 치료적 확증 임상시험에 사용된 제제와 허가신청한 제제의 차이는 무엇인가?
  - 「의약품동등성시험기준」 의 변경 수준에 따라 동등성을 입증하였는가?

⑦ **유효성**

- 유효성 평가는 임상시험 계획서에 따라 수행되고 기술되었는가?
- 서로 다른 분석군에서 나타나는 결과값의 차이가 검토되었는가?
- 치료효과 부족이나 이상반응 등과 관련된 중도탈락이 있었는가?
- 유효성평가변수와 목표치료군은 과학적으로 유효한가?
- 일차평가변수는 전문가집단의 적절한 평가 기준 또는 임상적인 평가 지침 등에 의한 의학적 연구 후에 설정되었는가? 그렇지 않다면, 타당성은 적절하고 완전하게 설명되었는가?
- 일차 유효성 평가변수에 대한 결론은 무엇인가?
- 유효성, 용량, 노출기간, 약동학, 인구학적 정보(나이, 성별, 민족적 기원 등)와 질병의 중증도 간의 관계는 조사되었는가?
- 대조군에 대한 시험군의 가설이 적절하게 검증되었는가?
- 일차평가변수가 통계학적으로 유의하다는 결과는 임상적으로도 유의하다고 해석될 수 있는가?
- 일차평가변수 이외의 다른 변수들은 시험약에 대한 신청 효능·효과를 뒷받침하기에 충분히 연구되었는가?
- 이차평가변수들에 대한 분석결과는 일차평가변수를 지원하는 데이터를 구성하고 있는가? 또한, 다른 관점에서 신청 효능·효과를 뒷받침하기에 충분한 데이터를 구성하고 있는가?

⑧ **안전성**

- 사망 및 중대한 이상반응(SAE) : 국내 및 해외 임상시험, 시판 후 안전성 정보 및 사례보고를 포함하는 전반적인 개개 피험자 자료들로부터 평가되었는가?
- 제외 및 탈락에서의 이상반응 : 인과관계 여부와 무관하게 모든 제외 및 탈락에 대한 자료가 수집되었는가?
- 기타의 이상반응 : 시험약 등의 투여를 계속하기 위해 용량 감소를 필요로 하는 이상반응 또는 새로운 전처치요법 및 병용요법을 필요로 하는 이상반응이 평가되었

는가?

• 비정상적인 검사실 수치

  - 비정상적인 검사실 수치에 대한 해석이 각각의 수치 변화로부터가 아닌 관련 검사실 수치 변화 및 주관적이고 객관적인 증상으로부터 완전하게 이루어졌는가?

  - 중앙 실험실적검사 결과는 개개 임상시험기관으로부터 얻은 검사실 수치들과 구분되었는가?

  - 기저치 검사실 수치로부터의 변화에 대한 평균값(또는 중앙값 이 각각의 변수에 대해 보고되고 조사되었는가?

  - 비정상치를 보여주는 사례들이 조사되었는가?

  - 비정상적인 검사실 수치에 의한 제외 및 탈락이 조사되었는가?

  - 비정상적인 검사실 수치를 나타내는 피험자들에 대한 관찰이 적절하게 수행되었는가?

  - 용량-의존성, 시간-의존성, 약물-인구 상호작용, 약물-질환 상호작용, 약물-약물 상호작용의 면에서 비정상적인 검사실 수치들이 이상반응으로서 분석되었는가?

  - 시험기간 동안 비정상적인 발견이 나타난 사례에 대해 임상시험 후 추적관찰 조사가 시행되었는가?

⑨ 통계학적 고려사항

• 임상시험계획서 및 통계분석계획에 기술된 대로 통계학적 분석이 수행되었는가?

• 중도탈락자에 대한 통계학적 처리가 타당한가?

• 일차변수 등의 비교에 대한 통계학적 분석 방법이 적절한가?

• 사용된 통계학적 분석방법, 유의수준, p 값, 단측검정 및 양측검정이 통계분석 결과에서 구별되도록 되어 있는가?

• 중간분석은 적절히 수행되었는가? 어떤 종류의 데이터를 분석하였는가?

• 중간분석을 수행하는 동안 맹검은 어떻게 유지되었는가?

• 다중변수가 정의된 경우, 그리고 중간분석이 기술된 경우, 적절한 다중성 보정(multiplicity adjustments)이 수행되었는가?

◉ **임상적 고려사항들 : 유효성과 안전성의 교차 평가 (cross-evaluation)**

① 유효성의 증거

①-1. 신청 효능·효과와 유효성의 범위

- 신청 효능·효과 및 유효성이 임상시험에 의해 확증되었는가?
- 선정/제외기준 등은 연구되었는가?
- 신청 효능·효과 및 유효성에 대한 기술방법은 의학적으로 타당한가?
- 신청 효능·효과 및 유효성은 외국자료와의 비교하였는가? 또한 유사약물 허가자료 와의 비교 시 타당한가?

①-2. 용법·용량

- 비임상 및 임상자료, 국외 용법·용량에 근거하여 신청 용법·용량의 타당성이 검 증되었는가?
- 특정 집단(소아, 고령자, 간장애환자, 신장애환자, 질환의 중증도 등)에서의 용량 변화에 대한 필요성과 용량설정근거가 연구되었는가?

①-3. 기타 교차시험

- 유효성과 약동학적/약력학적 분석, 시험대상자의 인구학적 정보와 질환의 중증 도 사이의 관련성이 조사되었는가?

② 허가신청 자료를 통한 안전성의 상호비교

- 허가신청 시점에서 사용 가능한 최근의 안전성 자료 (임상시험 이상반응 보고, 참고문헌 자료, 정기안전성정보, 해외 자료 포함)에 근거하여 평가되었는가?
- 신청 효능·효과가 비치명적 질환과 관련이 있고, 장기 투여가 예상될 경우, 적절 한 안전성 데이터베이스가 첨부자료로서 제출되었는가?
- 이상반응은 표로 작성되고 분석되었는가?
- 검사실 수치의 비정상적인 변수들은 표로 작성되고 분석되었는가?
- 이상반응과 인구학적 정보의 관련성 : 안전성과 용량, 약동학, 인구학적 정보(나

이, 성별, 인종 등), 중증도 간의 관련성은 조사되었는가?

- 이상반응의 용량-반응성(dose-responsiveness)은 조사되었는가?
- 이상반응의 발생시점은 조사되었는가?
- 이상반응의 지속기간은 조사되었는가?
- 이상반응 등의 발현에 대한 조사연구는 수행되었는가?
- 약물상호작용에 의해 유발된 이상반응은 검토되었는가?
- 신체 기관(organ)에 대한 이상반응이 연구되었는가?
- 약물금단증상(drug withdrawal syndrome)과 약물의존성에 대한 가능성이 조사되었는가?
- 사람의 생식기관에 대한 영향이 조사되었는가?
- 과량투여에 대해 조사되었는가?

③ 전반적인 자료 평가

- 의약품의 생물약제학, 임상약리, 안전성과 유효성에 대한 모든 결론을 통합하여 임상에서 사용시 유익성과 위해성을 종합적으로 평가하였는가?
- 제출된 자료들은 허가신청의 근거가 되기에 적합한가?
- 시험대상자의 결과를 목표 치료군으로 외삽할 수 있는가?
- 특수환자군에 대한 연구가 수행되고, 허가사항에 적절히 반영되었는가?

7) 효능·효과, 용법·용량, 사용상의 주의사항, 첨부문서

◎ 효능·효과

- 효능·효과에 대한 기술이 유효성과 안전성이 검증된 임상시험대상자군과 질환을 정확하게 나타내고 있는가? 임상시험 대상자군과 질환에서의 유효성과 안전성이 검증되었는가?

◎ 용법·용량

- 각각의 임상개발단계에서 용량반응 관계가 적절하게 연구되었는가?

- 용법·용량에 대한 기술이 임상시험에서의 유효성 및 안전성 검증 목적과 일치하는가? 투여횟수 및 간격 등 용법용량의 타당성이 입증되었는가?
- 용량조정이 필요한가? 용량조정이 필요한 경우 근거자료가 있는가?
- 투여기간에 대한 지침이 필요한가? 그렇다면, 이것이 용법·용량에 포함되어야 하는가? 또는 사용상의 주의사항에 포함되어야 하는가?
- 성별과 음식의 영향이 사람의 약동학적 연구에 언급된 경우, 또한 고령자, 간장애환자, 신장애환자, 그리고 약물대사효소 및 다른 유전적 결함을 가진 환자와 같은 배경 인자에서 기인한 경우, 그러한 특정한 정보가 제공되었는가? 필요한 경우 수치화된 약동학적 정보 및 유효성과 안전성 정보에 기초한 이러한 정보가 허가사항에 기술되었는가?
- 국외에서 수행된 임상시험자료를 가지고 신약을 허가신청하는 경우, 가교시험 등을 통해 용량이 검증되었는가?
- 점적투여의 경우, 용액(solution)의 종류와 양 및 점적속도 등에 대한 자료가 근거자료에 따라 용법용량 항에 적절히 기술되어 있는가?

◎ 사용상의 주의사항

- 일반의약품 또는 전문의약품의 기술양식에 맞게 작성되었는가?
- 필요시 '경고', '금기', '일반적 주의' 등의 항목에 기허가 유사약물에 대한 사항이 적절히 기재되었는가?
- 임상 데이터 및 시판 후 의약품을 사용할 것으로 예상된 피험자 집단을 고려하여 경고, 금기, 및 신중투여 항이 적절히 기재되었고 모순 없이 기재되었는가?
- 외국임상시험자료를 근거로 사용상의 주의사항을 설정한 경우 가교시험 등 국내에서 별도로 수행한 임상시험결과를 적절히 기술하였는가?
- 필요한 부분에 효능효과에 관한 주의, 용법·용량에 관한 주의가 적절히 기재되었는가?
- 상호작용 또는 기타 관련된 항에 약물동태학적 상호작용 등에 대한 중요한 정보가 적절히 기재되었는가?

- 시판 후 고령자에 사용될 것으로 예상되는 약물에 대해 약물동태학적 연구 및 임상 연구 등을 통해 고령자에서의 적절한 경험이 있는지, 그리고 수집된 자료를 근거로 고령자에서의 사용 항이 적절히 기재되었는지?
- 임신 중 분만 또는 수유기 등의 시기에 투여에 대해 비임상 시험, 임상 시험, 국외에서의 경험, 역학조사 등에서 수집된 자료를 근거로 적절히 설명되어 있는가?

 기준 및 시험방법 자료 심사

1) 일반적 고려사항

- 허가신청서 또는 기준 및 시험방법 검토의뢰서 상의 "성상", "원료약품 및 그 분량", "제조방법", "기준 및 시험방법" 항목의 기재사항이 적절한가? 그 항목들의 근거를 뒷받침하는 자료가 충분한가?
- 품질 관련 우리처 고시에 기초한 내용이 적절하게 반영되어 있는가?, 또는 국제 공통기술문서(CTD)를 반영하였는가?
- 제품의 특이사항 및 기준변경의 경우 변경사항이 기재되어 있는가?
- 시험자료(기준 확립에 대한 근거자료 포함)의 적절한 통계처리 등 실측치가 수학적으로 표현되어 있는가?

2) 기원 또는 발견 및 개발의 경위에 관한 자료

- 당해 의약품에 대한 판단에 도움을 줄 수 있도록 6하 원칙에 따라 명료하게 기재된 자료(예 : 언제, 어디서, 누가, 무엇으로부터 추출, 분리 또는 합성하였고 발견의 근원이 된 것은 무엇인가)

• 제형개발경위는 무엇인가? (예 : 용법, 용량, 투여기간, 투여경로, 화학 또는 물리화학적 사항, 기타 특이사항 등)

3) 국내외에서의 사용현황에 관한 자료

• 외국의 사용현황에 관한 자료 또는 국내 유사제품 현황이 기재되어 있는가?
• 공정서 수재여부 등 규격 검토에 참고할 수 있는 내용이 기재되어 있는가?

4) 원료의약품에 관한 자료

• 원료의약품이 DMF 성분인가? DMF 성분인 경우 설정한 규격이 DMF에서 검토된 규격과 비교하여 동등이상이거나 타당한 설정 근거를 제출하였는가?

◉ 구조 결정에 관한 자료 (※ 해당하는 사항만 선택적으로 확인)

• 제조방법에 따른 합성경로도 및 순도시험의 항목설정에 관련된 원료, 용매, 정제방법 등을 제시하고, 제출된 구조결정자료 및 광학이성질체 근거자료가 주성분에 대한 화학구조를 입증하는 자료로 타당한가?
• 적절한 구조분석법이 선택되었는가?
• 측정한 화학원소분석치가 이론값에 근접하는가?
• 자외부흡수스펙트럼 측정하기 위해 적절한 용매와 농도가 선정되었는가?
• 적외부흡수스펙트럼의 흡수밴드상에서 특징적인 흡수패턴이 기술되었는가?
• 핵자기공명스펙트럼의 각 신호에 대해 해당 원소가 적절히 지정(원소의 수가 포함)되었는가?
• 분자이온피크 또는 fragment 이온들이 질량스펙트럼 상에서 검출되었는가? 이론적인 fragmentation equation이 제시되었는가?
• 해당 성분의 표준품이 아닌 최종 제품에 대한 구조결정 자료를 제출하였는가? 표준품과의 비교시험 시 표준품의 스펙트럼자료 및 표준품 품질자료가 제출되었는가?

◎ **물리·화학적 성질에 관한 자료 (※ 해당하는 사항만 선택적으로 확인)**

• batch 마다 물리화학적 성질의 상당한 변이성이 있는가?

• 성상, 용해도, 흡습성, 융점과 열분석치, 분배계수, pH 등의 자료를 제시하였는가?

• 결정성과 결정다형성(수화물 포함)이 IR 스펙트럼 및 X선회절자료, 시차주사열분석법(DSC) 또는 특허자료 등으로 고찰되었는가?

• 결정다형이 있는 경우, 용해도 및 보관과정 중에 생길 수 있는 결정다형에 대한 고찰이 제출되었는가?

• 광학이성체의 경우 선광성의 유무가 제시되어 있는가?

• 이성체의 혼합물인 경우 이성체의 분리·분석법 및 이성체비에 관한 자료가 있는가?

• 균종의 기원을 확인할 수 있는 자료(유전자분석결과 등)가 제출되었는가?

◎ **제조방법에 관한 자료 (원료의약품으로 합성공정이 있는 경우)**

• 상세한 제조방법, 제조공정도, 화학반응식이 기재되어 있는가?

  - 화학반응식은 출발물질부터 최종 원료의약품까지 각 반응단계에 따라 출발물질, 중간생성물질, 최종원료의약품의 구조식, 화학명 및 분자량을 기재하였는가?

  - 제조방법에 기재된 원료약품의 사용량에 대한 근거자료를 제출하였는가?

  - 제조방법에 수율을 기재하였는가?

• 출발물질로부터 최종제품까지의 합성경로에 대한 적절한 근거자료를 제출하였는가? (SCI논문, 특허자료 등)

• 제조기록서 및 제조일지를 제출하였는가?

• 공정서 및 기타 인정된 규격에 수록된 시약, 용매를 별첨규격으로 설정한 경우, 해당 공정서 및 인정 규격 동등이상으로 설정되었는가?

• 동물유래성분을 함유한 경우, 바이러스 불활화 공정에 대한 자료를 제출하였는가?

• 변성제가 함유된 에탄올을 사용하여 제조된 의약품의 경우, 변성제 제거 공정을 기재하고 그 제조공정에 따른 시험성적서를 제출하였는가?

◎ 기준 및 시험방법에 관한 자료

• 원료의약품의 규격이 공정서 규격인가 별첨규격인가?

　- 별첨규격인 경우 별첨규격을 작성하고 그에 대한 근거자료를 제출하였는가?

• 시험방법에 대한 분석법 밸리데이션 자료를 제출하였는가? 필요한 요건을 충족시켰는가?

• 의약품 함량기준에 따라 적절한 시험항목이 설정되어 있는가?

　예시 "기준: 이 약을 건조한 것을 정량할 때.." → 건조감량 항목이 있는가?

　　"기준: 이 약을 정량할 때 환산한 무수물에 대하여..." → 수분 항목이 있는가?

　　건조감량을 설정하는 경우, 건조조건에서 검체가 분해되지 않는다는 것을 확인하였는가?

　　수화물, 수분에 의해 분해되는 경우, 흡습성이 있는 경우 수분항목을 설정하였는가?

• 확인시험법 관련

　- 확인 시험법은 해당 성분의 특이성을 나타낼 수 있는 시험법으로 설정되어 있는가? 크로마토그램상의 동일 유지시간을 확인하는 방법으로만 설정한 경우는 특이성을 확인할 수 있는 검출기(HPLC/UV diode array, HPLC/MS, GC/MS)를 사용하였는가?

　　예시 적외부 및 자외부흡수스펙트럼측정법의 경우 표준스펙트럼이 정의되어 있는가? 또는 적합한 표준품과의 비교가 설정되어 있는가? 설정되어 있지 않는 경우 해당성분의 특이성을 나타내는 특정 흡수극대 파수 또는 파장이 설정되어 있는가?

　- 염 형태인 성분인 경우, 해당 염에 대한 확인시험법이 설정되어 있는가?

　- 광학활성을 가진 원료의약품인 경우 함량시험 또는 특별한 확인시험을 통해 설정하였는가?

• 유연물질 및 분해생성물 관련

　- 유연물질 및 분해생성물 기재 시 제출 자료에 근거하여 한도치를 원료약품에 대한 백분율(%) 또는 질량으로 설정하였는가?

　- 유연물질 기준은 실측통계치 및 안정성시험(가혹시험, 장기보존시험)의 결과

와 안전성을 고려하여 타당한 근거를 제시하였는가?

- 유연물질(출발물질, 중간체, 부산물 및 분해산물)이 이론적으로 형성 가능한 화합물인가?

- 유연물질 구조를 밝혀야 하는 농도에서 타당하게 구조를 확인 및 규명하였는가?

- 제제의 용법·용량 고려시 안전성을 입증해야 하는 농도에서 입증자료는 타당하게 제출되었는가?

- 시험방법 중, 표준품을 사용하지 않고 크로마토그램을 이용하여 시험하는 경우 피크면적 측정범위, 정량한계 및 상대피크유지시간 등 유연물질을 확인할 수 있는 방법을 기재하였는가? 상대피크유지시간 및 상대반응계수가 설정되어 있다면 설정근거자료를 제출하였는가? 총유연물질의 양 측정을 위한 총 분석시간이 기재되었는가?

• 이성체가 분리된 성분인 경우, 목적하지 아니한 이성체에 대하여 시험항목을 설정하였는가?

• 잔류용매 시험항목 관련

  - 제조방법에 사용한 유기용매에 대한 잔류용매 시험항목을 설정하였는가?

  - 설정한 유기용매의 기준은 의약품 잔류용매기준지침을 따라서 설정하였는가? (ICH 가이드라인을 참조할 수 있다.)

• 합성공정에 금속촉매를 사용한 경우 특정 금속에 대한 기준을 제시하였는가? 강열잔분이 설정되었는가? 중금속시험은 설정되었는가?

• 결정다형이 있는 경우, 다음의 사항을 고려하여 규격 설정 여부가 적절하게 검토되었는가?

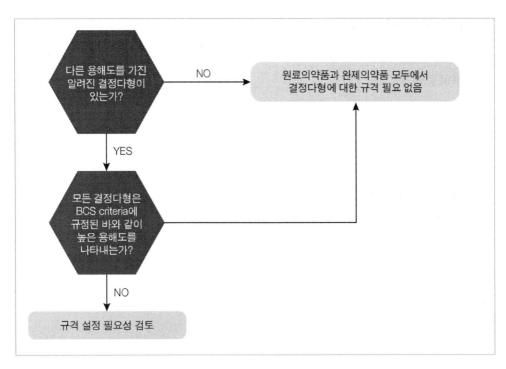

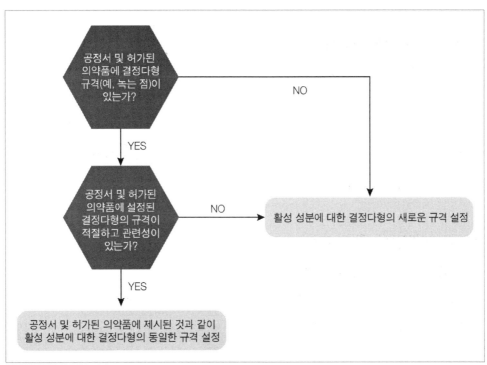

자료 : 식품의약품안전처, 2017, 의약품 기준 및 시험방법 심사자료 평가시 일반적 고려사항(10개정)

그림 3-2 | 결정다형이 있는 경우 고려 절차

◎ 시험성적에 관한 자료

• 시험성적서의 시험항목 및 기준이 설정한 기준 및 시험방법과 동일한가?

• 시험방법이 설정한 기준 및 시험방법과 동일한가? 크로마토그래프법의 경우 사용한 칼럼, 분석조건, 분리도, 상대피크유지시간 등이 설정한 시험방법에 적합한가?

◎ 표준품 및 시약·시액에 관한 자료

• 신물질의 경우, 표준품을 정제 시 정제법을 기재하고, 핵자기공명스펙트럼 등을 통해 엄밀하게 검증되었는가? 또한 함량 계산 시 순도의 보정이 필요 없을 정도로 충분히 규명되었는가?

• 표준품(Reference standard)의 품질은 어떻게 확보되었는가?

• 약전 및 공정서 수재 이외의 시약·시액에 대한 조제법에 관한 자료가 제출되었는가?

◎ 용기 및 포장에 관한 자료

• 상세 포장방법과 포장 및 용기의 선정 사유를 제출하였는가?

• 일차 포장재의 구성성분과 기준 및 시험방법(성상, 확인시험 등)을 제출하였는가?

• 비기능성 이차 포장재에 대해서 기재하였으며, 기능성 이차 포장재의 경우 추가 정보를 기재하였는가?

5) 완제의약품에 관한 자료

◎ 원료약품 및 그 분량에 관한 자료

• 제12조제2항에 적합한 기준단위로 작성하였는가?(별표8의 2 참조)

• 주성분 (제조원 포함) 규격이 별첨규격인 경우, 그에 대한 근거자료는 제출되었는가?

• 첨가제 관련

- 모든 첨가제가 국내에서 사용례가 있는가? 사용례가 없는 경우 공정서 수재품 목 또는 외국 의약품집 또는 일본의약품첨가물규격 등 외국의 공인할 수 있는 자료 등에 의해 사용예를 인정할 수 있는 성분인가?
- 첨가제의 국내 사용례가 일정한 투여경로로 한정되어 있어 이전 사용례와 투여경로가 상이한가? 상이하다면 「 의약품의 품목 허가·신고·심사규정 」 제27조 제2항에 따른 안전성·유효성 심사자료 제출이 필요한가?
- 첨가제의 배합목적이 제제학적으로 타당하게 설정되었는가?
- 첨가제의 설정한 규격이 해당 공정서의 품목인가? (공정서 시약·시액에 수재되어 있으면 해당 첨가제의 설정 규격이 인정되지 않음)
  해당 공정서에 따라 상세기재 할 사항들이 원료약품 및 그 분량의 비고에 기재되었고 그에 대한 근거자료를 제출하였는가?

  예시 포비돈의 K값, 분말셀룰로오스의 평균중합도, 미결정셀룰로오스의 평균중합도, 건조감량 및 부피밀도, 히프로멜로오스의 치환도 및 점도, 히프로멜로오스프탈레이드의 치환도 및 점도 등)
- 첨가제의 규격이 별첨규격인 경우, 그에 대한 근거자료는 제출되었는가?
- 첨가제에 보존, 착색 등을 목적으로 다른 성분이 혼합되어 있는 경우, 그 성분의 명칭, 규격, 분량을 기재하였는가?
- 착향제 외의 성분이 "식첨" 또는 "식품공전"으로 설정되어 있는가? 설정되어 있는 경우에는 별첨규격으로 설정하도록 함.
- 혼합 착향제의 별첨규격 중 구성성분의 규격으로 식품처장이 고시한 식품관련 공정서(식품공전 및 축산물기준 등) 인정함(단, 해당 공정서에 기준 및 시험방법이 수재된 성분에 한함)
- 원칙적으로는 모든 첨가제의 분량을 기재하여야 한다. 다만, 다음과 같이 미량 투입하는 첨가제는 "적량"으로 기재할 수 있다.
  ❶ 코팅제, 환의제, 장용피제, 활택제, 광택제
  ❷ 감미제, 착색제(내복용의약품에 사용하는 타르색소의 경우 원료약품 총 분량의 0.1% 이하인 경우에 한함), 착향제
  ❸ 현탁화제, 유화제, 용해보조제

❹ 안정제, 등장제, pH 조절제, 점도조절제

❺ 용제, 기재(캅셀제 포함)

❻ 타르색소(황색4호 제외)

- 식약처장이 인정한 타르색소를 착색제로 사용하였는가?

만약 그 외의 타르색소가 사용된 경우 의약품의 품목허가·신고·심사규정 제25조제2항제1호에 의한 안유심사대상품목이다.

◉ 제조방법에 관한 자료

• 각 공정별로 투입·사용되는 원료, 시약, 용매 등의 명칭을 기재하였는가?

• 공정 중 "원료칭량"은 전체 공정에 투입·사용되는 원료, 시약, 용매 등의 명칭을 모두 기재하였는가? 최종 완제의약품에 존재하지 않아 원료약품및분량에 기재되어 있지 않더라도 공정 중에 사용한 모든 원료가 기재되었는가?

• 주성분의 비고란에 주성분의 제조원 및 주소를 기재하였는가? 일부 위·수탁 공정이 있는 경우 각 공정단계별 실제 제조소를 맞게 기재하였는가?

• 주성분이 DMF 공고 성분인 경우, 해당 DMF 공고번호를 기재하였는가?

• 제조과정 중 유기용매를 사용하는 경우 제제학적으로 타당한가? 사용목적과 용매의 명칭, 규격, 단위제형당 사용량이 기재되었는가?

• 첨가제 중, 최종제품이 동물유래성분을 함유하거나 제조과정 중 동물유래성분을 사용하는 경우, 기원동물[명칭]의 [사용부위]를 제조방법에 기재하였는가? 반추동물 유래성분의 경우는 전염성해면상뇌증(TSE)감염을 방지하기 위한 원료선택(반추동물의 원산국, 반추동물의 연령 등) 또는 처리방법 등을 추가로 기재하였는가?

예시 ① 유당수화물 : "건강한 소의 우유에서 유래한 유당수화물을 사용한다."

② 스테아르산마그네슘

·동물유래성분 : "전염성해면상뇌증 감염을 방지하기 위하여 [반추동물의 원산국]산 [반추동물의 연령]의 건강한 [반추동물의 명칭]에서 [사용부위]를 채취하여 [처리공정] 처리한 [동물유래성분명]을 사용한다"

·식물유래성분 : 스테아르산마그네슘(식물유래성분)으로 작성

③ 젤라틴 : 스테아르산마그네슘에 준하여 기재하되 처리공정에 알칼리 처리가 되어 있는 지 확인, "전염성해면상뇌증 감염을 방지하기 위하여 [미국]산 [3년 이하]의 건강한 [소]에서 [가죽의 안쪽 부위]를 채취하여 [원료-알칼리처리-세척-추출-여과-정제-농축-살균-건조-분쇄-혼합] 공정을 통해 제조된 [젤라틴]을 사용한다"

- 포장 공정에 직접용기·포장의 재질을 맞게 기재하였는가?
- 제제 설계의 타당성 및 평가에 관한 검토결과를 제출하였는가?
  - 제제학적 변경, 특히 서방성 및 기타 방출제어형의 경우, 약품설계 개념이 상세히 타당하게 설명되었는가?

◎ 기준 및 시험방법에 관한 자료

- 신청한 제형의 특성에 맞게 대한민국약전 제제총칙 및 의약품의 품목허가·신고·심사규정 별표 13에 해당되는 시험항목을 설정하였는가?
- 규격 설정에 대한 근거자료는 제출되었는가?

❶ 성상관련
  - 신청서 및 기준 및 시험방법에 기재된 성상이 의약품의 성상 표기에 대한 가이드라인에 따라 작성되었는가?
  - 캡슐제는 내용약품의 성상도 명확하게 기재하였는가? 또한 캡슐의 색 또한 기재하였는가?
  - 주사제, 점안제, 액제(내복용), 정량분무용 제제인 경우, 용기의 형상(바이알, 앰플, 플라스틱용기, 프리필드시린지 등)에 대하여도 기재하였는가?
  - 특수제형인 경우 제제학적 구분이 가능하도록 기재하였는가?

❷ 경구용 고형제의 경우 경구용의약품의 용출규격 설정지침 또는 공정서 수재 방법에 따라 적절한 용출기준 및 시험방법이 설정되었는가? 용출시험 대신 붕해시험만 설정된 경우 타당한 사유(예, 사용기한 동안의 붕해율속성 factor)가 제시되었는가?

❸ 유연물질 관련
  - 유연물질과 분해산물에 대한 한도치(보고, 구조결정, 안전성한도)가 설정되었는가?

- 안정성시험 결과 시간이 경과함에 따라 증가하는 유연물질이 있을 경우 개개 및 총유연물질에 대한 기준이 설정되었는가?

- 안전성 검증을 위해 요구되는 상한치 이상의 유연물질의 독성에 대한 고려 (safety margin 등)가 충분한가?

- 시험방법 중, 표준품을 사용하지 않고 크로마토그램을 이용하여 시험하는 경우 피크면적 측정범위, 정량한계 및 상대피크유지시간 등 유연물질을 확인할 수 있는 방법을 기재하였는가? 상대피크유지시간 및 상대반응계수가 설정되어 있다면 설정근거자료를 제출하였는가? 총유연물질의 양 측정을 위한 총 분석시간이 기재되었는가?

❹ 제제균일성시험 또는 질량·용량시험을 공정서 일반시험법에 따라 타당하게 설정되었는가?

❺ 보존제시험은 타당하게 설정되었는가? 내용액제의 경우 그 양은 표시량 이하로 또는 내용액제를 제외한 모든 제제의 경우 표시량에 대하여 80.0~120.0%로 설정되었는가?

❻ 제조방법에 사용한 유기용매에 대한 잔류용매 시험항목을 설정하였는가? 설정한 유기용매의 기준은 의약품 잔류용매기준가이드라인에 따라서 설정하였는가?

• 시험방법은 밸리데이션 되었는가?

- 시험방법에 대한 분석법밸리데이션 자료를 제출하였는가? 필요한 요건을 충족시켰는가?

- 순도시험, 확인 및 함량시험방법의 밸리데이션이 적절한가?

- 밸리데이션은 의약품등 시험방법 밸리데이션 가이드라인을 참조한다.

◉ 시험성적에 관한 자료

• 시험성적서의 시험항목 및 기준이 설정한 기준 및 시험방법과 동일한가?

• 제출한 시험방법이 설정한 기준 및 시험방법과 동일한가? 크로마토그래프법의 경우 사용한 칼럼, 분석조건, 분리도, 상대피크유지시간 등이 설정한 기준 및 시

험방법에 적합한가?

◎ 표준품 및 시약·시액에 관한 자료

• 약전 및 공정서 수재 이외의 시약·시액에 대한 조제법에 관한 자료가 제출되었는가?

• 기 허가가 없는 주성분의 표준품인 경우 표준품의 정제법을 기재하고, 핵자기공명스펙트럼 등을 통해 엄밀하게 검증되었는가? 또한 함량 계산 시 순도의 보정이 필요 없을 정도로 충분히 규명되었는가?

• 표준품(Reference standard)의 품질은 어떻게 확보되었는가?

◎ 용기 및 포장에 관한 자료

• 적접 포장 용기의 구성성분의 안전성, 성능, 의약품과의 적합성 등을 설명하였는가?

• 일차 포장재의 구성성분과 기준 및 시험방법(성상, 확인시험 등)을 제출하였는가?

• 이차 포장재에 대하여 기재하였는가?

05 ― 동등성자료 심사

1) 생물학적동등성시험

(1) 생물학적동등성시험 계획서

◎ 일반적 고려사항

생물학적동등성시험 계획서를 평가하기 위해서 다음의 사항을 확인한다.

- 제출 자료의 목적을 제조(수입)품목허가/신고, 제조(수입)품목변경허가/신고, 재평가, 대체조제 등에 따라 구분한다.
- 의약품등의 안전에 관한 규칙 (총리령) 제25조제4항에 따라 식품의약품안전처장에게 시험 계획서의 변경승인을 받아야 하는 목적으로 제출하였는지는 신청 내용을 검토한 후 별도로 구분한다.
- 대조약이 제출자료 목적에 맞는가?
  ❶ 제조(수입)품목허가/신고, 재평가, 대체조제 : 대조약의 적합성 여부를 확인한다.
  - 생물학적동등성시험 대조약 선정공고 참고(식약처 홈페이지→공고)
  ❷ 제조(수입)품목변경허가/신고 변경 : 생물학적동등성시험 수준의 변경이 발생한 경우에는 공고된 대조약과의 생동시험을 실시하는 것이 바람직하다.
- 대조약 선정이 적절한가?
- 비교용출시험은 생물학적동등성시험대상 생산로트와 동일한 시험약과 대조약에 대하여 실시하는가?
  ❶ 의약품동등성시험기준에 따른 비교용출시험을 실시하는 것을 권고한다.
  ❷ 해당품목의 기준 및 시험방법의 용출시험방법에 따라 비교용출시험을 실시할 수 있다.
- 법 제34조의2제2항에 따른 생물학적 동등성시험 실시기관, 시험자 및 수탁기관 등에 관한 자료는 포함되어 있는가?
- 시험대상자의 동의서 서식은 포함되어 있는가?
- 시험대상자에 대한 피해보상 내용이 포함되어 있는가?

◉ 생물학적동등성시험 계획서 고려사항

- 의약품 등의 안전에 관한 규칙(총리령)에 따른 <별첨1> 각 호의 사항이 시험계획서에 포함되어 있는가?
- 시험책임자의 선임이 적정한가?
  ❶ 시험책임자의 이력서를 확인한다.

- 시험대상자의 선정은 적절한가?
  ❶ 원칙적으로 시험대상은 건강한 성인지원자를 대상으로 한다 : 식약처장이 인정하는 경우에는 환자로 시험대상을 적절히 바꿀 수 있다.
  ❷ 시험대상자의 건강검진 항목이 적절한지 확인한다.
  ❸ 대조약의 사용상의 주의사항에 따라 시험대상자 제외기준이 설정되었는지 확인한다.
  ❹ 시험약이 성별에 따른 금기사항이 있는지 확인한다.
- 시험 중도탈락 기준은 적절한가?
- 시험대상자의 관리는 적절한가?
  ❶ 음식물과 음료의 섭취는 주의 깊게 조절되어야 하며, 투약 전 10시간 동안 절식하도록 하는지 확인한다.
  ❷ 투약 전후 1시간 동안은 물 섭취를 제한하는지 확인한다.
  ❸ 시험대상자는 투약 후 적어도 2시간까지는 누워있어서는 안되며 위장관계 혈류 및 운동성에 미치는 영향을 최소화하기 위하여 자세와 행동을 유사하게 유지시키도록 하는지 확인한다.
- 시험예수는 적절한 통계처리가 가능한 예수로써 주성분의 특성에 따라 적절히 가감되었으며, 최소 12명이상인가?
- 시험방법은 적절한가?
  ❶ 시험은 2 x 2 교차시험으로서 공복상태에서 시험약과 대조약을 투약하는가? 아닌 경우 타당한 근거를 제시하였는지 확인한다.
  ❷ 3기 또는 4기 반복교차시험으로 설정해온 경우에는 분석하고자 하는 성분이 고변동성 성분임을 확인한다.
  ❸ 서방성제제인 경우, 공복시험 외에 식후시험을 추가로 실시하도록 계획하였는지 확인한다.
  ❹ 분산투여를 실시한다면, 해당내용이 계획서 상에 기술되어있는가?(사유 등을 확인)
- 투약량은 임상 상용량을 투여하여 시험을 실시하는가?

임상 상용량을 1회 투약하는 것을 원칙으로 한다. 다만, 시험가능한 분석방법이 검출한계가 높아 1회 투약량으로 분석상 문제가 있는 경우 원칙적으로 1일 최대 허용량 범위 내에 투약할 수 있다.

• 혈액의 채취 시점 및 빈도가 적절한가?

❶ 혈액의 채취는 생체이용률의 평가에 필요한 파라메타를 모두 산출할 수 있도록 충분한 빈도로 적절한 시점에서 하는가?

채혈횟수는 원칙적으로 12회 이상으로 tmax전 적어도 2회 이상 채혈하고 소실반감기의 3배 이상 또는 AUCt가 무한시간의 AUC의 최소 80%이상에 해당되는 시간까지 채혈한다. 채뇨는 채혈의 경우에 준한다.

❷ 소실반감기의 3배 이상 또는 AUCt가 무한시간의 AUC의 최소 80%이상에 해당되는 시간까지 채혈하지 않고 72시간까지 채혈하는 경우, 반감기가 길고 분포와 청소율의 시험대상자 내 변동이 적은 약물이라는 근거자료가 첨부되어 있으며 그 내용이 타당한가?

❸ 반복투약시험의 경우, 최고혈중농도와 최저혈중농도를 확인할 수 있는 충분한 빈도로 채혈하는가?

• 휴약 기간은 유효성분 반감기의 최소 5배 이상 설정되어 있는가?

• 분석대상은 원칙적으로 미변화체로(즉, 원료약품분량의 주성분) 혈액 또는 뇨 중의 유효성분 또는 이들과 비례 관계가 인정된 활성대사체이거나, 복합제의 경우 원칙적으로 유효성분 전부에 대하여 실시하는가?

• 유효성(약동학) 평가변수와 평가방법은 적절하게 설정되어 있는가?

❶ 평가변수는 시험목적에 맞게 설정되어 있는가?

❷ 약동학 파라미터 산출방법이 구체적으로 기재되어 있는가?

• 안전성 평가변수와 평가방법은 적절하게 설정되어 있는가?

• 통계분석방법은 적절하게 설정되어 있는가?

❶ 평가변수별 통계분석방법은 적절하게 설정되어 있는가?

❷ 동등성 판정기준을 명시하고 있는가?

❸ 분산투여를 실시하는 경우 분산투여의 영향을 고려한 통계분석방법과 절차가

제시되어 있는가?(분산분석을 실시하는 경우 통계모형, 교호작용, 가설검정을
실시하는 경우 그 절차와 유의수준, 결과해석방법 등)

(2) 생물학적동등성시험 결과보고서

◉ 일반적 고려사항

- 최종 승인된 생동성시험계획서에 따라 시험을 수행한 결과보고서인지 확인한다.
- 생동성시험계획서를 식약처에서 승인 받은 후 변경이 있는 경우 변경 심의된 시험계획서도 확인한다.
- 의약품동등성시험기준(식약처고시) 제4조에 따라, 시험약은 시판될 때와 동일한 원료, 처방 및 조건으로 제조한 것으로, 생산규모, 품질 및 함량 등이 적합한지 확인한다.

◉ 생물학적동등성시험 결과보고서 고려사항

- '의약품동등성시험기준(식약처고시)'에 따른 <별첨2> 각호의 사항이 시험결과보고서에 포함되어 있는가?
- 시험대상자선정기준에 적합한 시험대상자를 선정하였으며, 건강진단 결과는 정상 기준에 적합한 시험대상자가 시험에 참가하였는가?

  ❶ 시험대상자선정기준에 적합한 시험대상자가 선정되었는지 확인한다.

  ❷ 시험대상자의 이전 생동성시험 참가여부(3개월 중복 시험대상자)를 시험기관에서 검토하였는지 확인한다.

  ❸ 건강진단항목의 결과치는 기관의 각 시험항목 정상참고치 이내인지 확인한다.

  ❹ 시험대상자에 대한 투약 및 채혈이 담당의사의 건강진단서 발행 이후인지 확인한다.

- 시험대상자는 시험 지원 신청 후 시험책임자의 시험에 대한 설명을 들은 후 참가동의서를 작성하고 건강진단을 받은 후 그 결과가 적합하다고 담당의사가 건강진단서를 발행한 이후에 생동성 시험에 참가하였는가?
- 투약 전 후의 시험대상자 관리는 적절하였으며, 채혈은 담당의사 관리 하에 이

루어졌는가?

- 중도탈락자가 있는 경우 사유가 명시되었는가?

- 증례기록서에는 채혈 전 후의 청진, 문진 기록이 있으며, 이를 시험담당의사가 확인 후 서명하였는가?

  ❶ 증례기록서에 시험약에 대한 정보, 시험의뢰자, 시험기관, 의료기관, 시험대상자번호, 시험대상자성명(이니셜로 기입), 시험책임자, 시험담당자 성명 등이 기재되어 있는지 확인한다.

  ❷ 스크리닝 양식에 흡연, 음주, 약물복용력, 약물과민증, 이전약물시험참여여부, 기왕력 등의 정보가 모두 기입되었는지 확인한다.

  ❸ 건강검진 항목에 대한 정상범위가 제시되었으며, 검사결과 내역이 모두 기입되었는지, 검사 결과치는 계획서에 명시된 선정기준 이내인지 확인한다.

- 시험 중 발생하는 모든 이상반응을 기록하고 중대한 이상약물반응의 여부, 중증도, 인과관계 등을 평가하였는가?

- 검체 처리 및 분석은 밸리데이션 이후에 실시하였는가?

  ❶ 분석법 밸리데이션은 '생체시료분석법 밸리데이션 가이드라인 (B1-2013-2-007)'을 참조하여 검토한다.

  ❷ 분석방법은 분석대상 성분의 실제 농도를 정확하게 측정할 수 있는 선택성, 직선성, 정확성, 정밀성 및 충분한 감도 등이 확인된 방법인지 확인한다.

  ❸ 제출된 밸리데이션 자료가 전체 밸리데이션 자료인지, 부분 밸리데이션 자료인지 확인하고, 원칙적으로 전체 밸리데이션 자료를 검토한다.
     부분 밸리데이션을 제출한 경우에는 그 사유가 타당한지 확인하고, 사유가 타당한 경우에 한하여 이전에 완료된 밸리데이션 자료를 검토한다.

  ❹ 정밀성 평가 시 각 농도별로 측정된 시험 내/시험 간 정밀도는 변동계수 (Coefficient of Variation; CV)가 15% 이내인지, 최저정량한계에서 CV가 20% 이내인지 확인한다.

  ❺ 정확성 평가 시 평균값은 최저정량한계를 제외하고 실측값의 15% 이내인지 확인하며, 최저정량한계에서 20% 이내인지 확인한다.

❻ 적분방법은 타당하게 설정되었으며, 전 샘플을 수동적분하지는 않았는지 확인한다.

❼ 재적분 사유가 타당하며, 시험기관의 SOP에 명시되어 있는지 확인한다.

❽ 재적분 방법은 타당하며, 적분결과에 따른 처리방법은 시험기관의 SOP에 명기된 대로 처리하였는지 확인하다.

• 검체의 재분석이 있는 경우 재분석 사유를 명시하고, 분석전후의 결과를 모두 명시하였는가?

❶ 재분석의 사유는 타당하며, 시험기관의 SOP에 명시되어 있는가?

❷ 재분석의 결과가 최초 분석결과와 동일한가?

❸ 재분석의 결과가 최초 분석결과와 동일하지 않은 경우의 처리 방법이 SOP에 명시되어 있으며, SOP 에 따라 처리되었는가?

• 추가시험의 적합성 여부

❶ 추가시험이 계획서에 명시되어 있는가?

❷ 본 시험과 동일한 계획서에 따라 실시되었는가?

❸ 군당 최소 12명 이상의 시험대상자가 참여하였는가?

❹ 본 시험과의 일관성을 통계적으로 입증(유의수준 0.05이하)하였는가?

❺ 추가시험 결과는 선행된 본 시험의 결과와 총괄해서 최종 분석되었는가?

• 비교평가항목에 대한 통계처리 결과가 적절하며, 평가기준이 생동성시험기준에 따라 판정되었는가?

❶ raw data를 다시 BA calc, K-BE test에 입력하여 신뢰구간을 소수점 4자리까지 산출하고, 계산한 결과가 제출된 자료와 동일한지 확인한다.

❷ 3기 또는 4기 반복교차시험으로 분석을 해온 경우에는 SAS 등 적절한 통계 프로그램을 사용하여 동등성 여부를 확인한다.

• 분석법 밸리데이션 raw data 및 분석결과에 대한 raw data 검토 결과 신뢰성을 확보할 수 있었는가?

❶ 분석자료의 raw data는 분석결과를 다시 processing 하여서 시험결과를 재현할 수 있는 자료를 말하며, 분석결과만을 text file로 저장한 것을 의미하지

않는다.

❷ 분석법 raw data 평가항목 : 밸리데이션된 방법과 동일한 조건에서 분석을 하였는지 확인한다.

❸ 분석결과가 분석기기에 저장된 raw data 및 적분 method file이 들어있는, 컴퓨터로 읽어서 이해 가능한 저장매체로 제출되었는지 확인한다.

• 시험대상자별 각 채혈시간의 혈중약물농도수치 등 분석실측치(자료저장매체로 제출) 및 로그변환치, 약물동력학 변수자료 및 통계처리과정 등을 포함하는 시험결과가 보고되었는가?

• 의약품수불현황은 정확히 작성되었는가?

• 신뢰성보증업무담당자는 점검을 수행한 날짜, 점검의 내용 및 시험기관의 장·시험책임자에게 보고한 날짜 등을 포함한 <신뢰성보증확인서>를 준비하고 서명한 후 제출하였는가?

• 시험의뢰자는 생동성시험 실시 중에, 식약처에 적절히 보고하였는가?

❶ 중대한 약물유해반응이 발생한 경우, 의약품 등의 안전에 관한 규칙에서 정한 기간 내에 식약처에 신속히 보고하였는지 확인한다.

❷ 생동성시험 시험대상자에 대한 관찰이 종료된 후, 20일 이내에 식약처에 별지 제34호 서식에 의한 보고서를 제출하였는지 확인한다.

• 동일 품목에서 생동성재시험을 실시하였는가?

❶ 생물학적 동등성시험 관리기준 (식약처고시) 제3조의 2에 따라 식품의약품안전처장에게 시험계획서의 변경승인을 받고 타당한 절차에 의하여 진행하였는지 확인한다.

❷ 재시험 이전 결과(분석 및 관찰종료, 유해반응 등)를 적절히 보고하였는지 확인한다.

• 해당 품목은 신뢰성 조사 실시대상인가?

"의약품동등성시험 신뢰성 조사 운영절차 업무수행편람(GRP-MaPP-심사기준-26)"에서 해당여부를 확인한다.

표 3-2 | 생물학적동등성시험 계획서 구비 요건 체크리스트

번호	항목	비고
1	시험의 제목, 단계, 계획서 식별번호 및 제개정이력 등	
2	시험계획서 요약	
3	서론(배경, 이론적 근거, 유익성·위험성 평가 및 용량 설정 근거 등	
4	시험의 목적	
5	시험모집단(대상자 수, 선정기준, 제외기준 및 중도탈락기준 등)	
6	시험 설계 내용(시험기간, 시험군·대조군, 배정, 눈가림 및 흐름도 등)	
7	시험종료 및 조기중단 기준	
8	생물학적 동등성시험용의약품의 정보 및 관리(표시 및 포장, 투여경로, 투여방법, 보관조건, 수불관리, 회수 및 폐기 등)	
9	시험의 방법 및 투약계획 등(투여 및 치료일정, 병용약물, 투여금지 약물 및 치료순응도 등)	
10	시험 절차 및 평가(방문일정, 시험일정표, 유효성·안전성 평가변수와 평가 및 이상반응 보고 등)	
11	자료분석 및 통계학적 고려사항(분석군, 통계분석방법, 판정기준, 분석시기 및 대상자 수 설정근거 등)	
12	자료관리(기록, 수집, 접근, 보호 및 보관 등)	
13	윤리적 고려사항 및 행정적 절차(생물학적 동등성시험 관리기준 및 동의 절차 등 규정, 윤리준수, 대상자 안전보호 대책, 결과발표, 환자기록 비밀유지, 품질관리 및 신뢰성 보증 등)	
14	생물학적 동등성시험을 하려는 자(이하 "생물학적 동등성시험 의뢰자"라 한다)의 정보, 시험책임자 성명 및 직책	
15	비교용출시험방법. 다만, 생물학적 동등성시험에 사용할 대조약과의 비교용출시험 결과 대조약과 동등한 것으로 판정된 품목으로서 비교용출시험 실시 후 원료약품 및 분량, 제조방법 및 제조원의 변경이 없는 품목은 비교용출 시험방법을 적지 아니할 수 있다.	
16	그 밖의 생물학적 동등성시험을 안전하게 과학적으로 실시하기 위하여 필요한 사항	

표 3-3 | 생물학적동등성시험 결과보고서 구비 요건 체크리스트

번호	항목	비고
1	표지	
2	서명	
3	제목	
4	생물학적 동등성시험 관리기준 및 KGCP 진술서	
5	시험개요	
6	목차	
7	약어 및 용어 정의	
8	윤리적 고려에 대한 기술	
	1) 생물학적 동등성시험 심사위원회	
	2) 생물학적 동등성시험의 윤리적 수행	
	3) 시험대상자를 위한 설명 및 동의	
9	시험자 및 시험지원조직	
10	서론	
11	시험목적	
12	시험방법	
	1) 시험디자인 및 시험방법의 개요	
	2) 시험디자인 선정 근거	
	3) 시험대상자의 선정	
	3-1) 선정기준	
	3-2) 제외기준	
	3-3) 투약 및 평가 제외 대상	
	4) 투약방법 및 시험대상자 관리	
	4-1) 투약방법	
	4-2) 생물학적 동등성시험용 의약품에 관한 정보	
	4-3) 시험대상군 배정 방법	
	4-4) 생물학적 동등성시험용 의약품 투여용량의 결정	
	4-5) 각 시험대상자별 투여용량 및 용법 결정	
	4-6) 눈가림 방법	
	4-7) 과거력 및 병용치료	
	4-8) 순응도 확인	
	5) 유효성·안전성 평가변수	
	5-1) 유효성 및 안전성 평가	
	5-2) 평가방법의 적절성	
	5-3) 유효성 평가변수	
	5-4) 약물 농도 평가	
	6) 자료의 품질 보증	
	7) 통계방법 및 시험대상자 수	
	7-1) 통계방법	
	7-2) 시험대상자 수 산정	
	8) 시험수행 및 계획된 분석방법의 변경	

13	**시험대상자**	
	1) 시험대상자의 생물학적 동등성시험 참여 상태	
	2) 시험계획서 이탈	
14	**유효성 평가**	
	1) 유효성 평가에 포함되는 데이터	
	2) 시험대상자의 인구학적 정보 및 특성	
	3) 투약 순응도 평가	
	4) 유효성 결과 및 개별 시험대상자의 자료	
	4-1) 유효성 결과 분석	
	4-2) 통계분석학적 문제	
	4-2-1) 공변량에 대한 보정	
	4-2-2) 중도탈락자 또는 결측치의 처리	
	4-2-3) 다기관 공동 임상시험	
	4-3) 개별 시험대상자 자료의 표	
	4-4) 약물용량, 약물농도 및 반응과의 관계	
	4-5) 약물-약물 및 약물-질병 간의 상호작용	
	4-6) 유효성 평가 결론	
15	**안전성 평가**	
	1) 노출정도	
	2) 이상반응	
	2-1) 이상반응 요약	
	2-2) 이상반응 제시	
	2-3) 이상반응 분석	
	2-4) 시험대상자별 이상반응 목록	
	3) 사망, 다른 중대한 이상반응 및 기타 유의성 있는 이상반응	
	3-1) 사망, 다른 중대한 이상반응 및 기타 유의성 있는 이상반응 목록	
	3-2) 사망, 다른 중대한 이상반응 및 기타 유의성 있는 이상반응에 대한 설명	
	3-3) 사망, 다른 중대한 이상반응 및 기타 유의성 있는 이상반응에 대한 분석 및 고찰	
	4) 임상실험실검사의 평가	
	5) 활력징후, 신체검사 및 안전성에 관한 의학적, 기타 소견	
	6) 안전성 평가 결론	
16	**고찰 및 결론**	
17	**본문에 언급되지 않은 표, 그림 및 그래프**	
	1) 인구학적 자료	
	2) 유효성 자료	
	3) 안전성 자료	
	3-1) 이상반응 제시	
	3-2) 사망, 다른 중대한 이상반응 및 다른 유의성 있는 이상반응에 대한 목록	
	3-3) 사망, 다른 중대한 이상반응 및 다른 유의성 있는 이상반응에 대한 설명	
	3-4) 기준을 벗어난 임상실험실검사 목록(시험대상자별)	
18	**참고문헌**	

	부록		
	1) 시험정보		
	1-1) 시험계획서 및 변경계획서		
	1-2) 증례기록서 양식		
	1-3) 심사위원회 심의목록 및 시험대상자 동의서 양식		
	1-4) 시험책임자 및 담당자의 명단(이력서포함) 및 시험수행에 적합한 약력		
	1-5) 시험책임자 및 시험의뢰자의 서명		
	1-6) 대조약 및 시험약의 의약품 수불현황		
	1-7) 무작위 배정 방법 및 배정표		
	1-8) 신뢰성보증확인서		
	1-9) 통계적 방법에 관한 문서		
	1-10) 각 실시기관의 실험실간 표준화 방법, 기타 자료의 질적 보증을 위해 사용한 방법		
19	1-11) 생물학적 동등성시험결과를 출판하였을 경우 출판물		
	1-12) 생물학적 동등성시험결과의 평가에 절대적 영향을 미친 참고문헌		
	2) 시험대상자 자료 목록		
	2-1) 중도탈락자		
	2-2) 시험계획서 이탈		
	2-3) 유효성 평가에서 제외된 시험대상자		
	2-4) 시험대상자 특성표		
	2-5) 순응도 및 혈중농도 자료		
	2-6) 시험대상자별 유효성 결과 자료		
	2-7) 이상반응 목록(시험대상자별)		
	2-8) 시험대상자별 임상실험실검사 목록		
	3) 증례기록서		
	4) 시료 분석 보고서		
	5) 분석법 밸리데이션 보고서		
	6) 예비시험 결과 보고서		
	표		
	1) 중도탈락자 정보		
	2) 식후 생동성시험에 사용된 식단 구성(해당되는 경우)		
	3) 제품관련 정보		
20	4) 계획서 이탈		
	5) 시험대상자의 인구학적 특성표		
	6) 생체이용률시험 요약		
	7) 비교생체이용률시험의 통계처리 결과		
	8) 각 시험에서의 이상반응 발생 빈도		
	9) 각 시험에서의 이상반응 분석표		

2) 의약품동등성시험

(1) 적용 범위

- 의약품동등성시험 실시대상 품목에 해당하는가?
  - 전문의약품으로서 정제, 캡슐제, 좌제
  - 일반의약품 단일제 중 정제, 캡슐제, 좌제
- 신규 허가(신고) 시

  ❶ 생물학적동등성시험 대상 품목에 해당하는가?
  - 1989년 1월 1일 이후 제조(수입)품목허가를 받은 전문의약품으로서 신약에 해당하는 의약품(제형이 다른 동일투여경로의 품목 포함)
  - 상기에 해당하는 품목을 제외한 전문의약품으로서 이미 제조(수입)품목허가를 받은 것과 성분이 동일한 정제·캡슐제 또는 좌제(전신 순환하는 제제에 한함) 중 다음의 어느 하나에 해당하는 의약품
    · 의약품동등성 확보 필요 대상 의약품 지정(식약처고시) 별표 1의 성분을 단일 주성분으로 하는 상용의약품과 그 염류 및 그 이성체
    · 의약품동등성 확보 필요 대상 의약품 지정(식약처고시) 별표 2의 성분을 단일 주성분으로 하는 고가의약품과 그 염류 및 그 이성체
    · 의약품동등성 확보 필요 대상 의약품 지정(식약처고시) 별표 3의 성분을 단일 주성분으로 하는 그 밖의 의약품동등성 확보가 필요한 의약품과 그 염류 및 그 이성체
    · 의약품동등성 확보 필요 대상 의약품 지정(식약처고시) 별표 1, 별표 2 또는 별표 3의 성분과 그 염류 및 그 이성체를 함유하는 복합성분 의약품
    ※ 다만, 「의약품 등의 안전에 관한 규칙」 제4조제1항제3호에 따라, 의약품동등성 확보 필요 대상 의약품 지정(식약처고시)의 제형 중 산제·과립제는 2018.10.29.부터, 점안제·점이제·폐에 적용하는 흡입제 또는 외용제제는 2019.10.29.부터 생물학적동등성시험 또는 비교임상시험자료 제출이 필요함

  ❷ 비교용출시험 대상 품목에 해당하는가?

　　　- 생물학적동등성시험 대상 품목을 제외한 전문의약품 중 정제, 캡슐제, 좌제

　　　- 일반의약품 단일제 중 정제, 캡슐제, 좌제

　　　- 의약품동등성 확보 필요 대상 의약품 지정(식약처고시) 별표 4 중 비교용출
　　　　시험 대상 성분과 그 염류 및 그 이성체를 함유하는 복합성분 의약품

　　❸ 비교붕해시험 대상 품목에 해당하는가?

　　　- 비교용출시험이 제제의 특성상 불가능한 경우(예: 효소제제, 유산균제제)

　　　- 비교용출시험이 분석 상 불가능한 경우

　　　- 비교용출시험이 불가능한 경우, 예비시험결과 등 과학적인 근거에 의하여
　　　　비교용출시험이 불가능한 사유가 제출되었는가?

　　　- 의약품동등성 확보 필요 대상 의약품 지정(식약처고시) 별표 4 중 비교붕해
　　　　시험 대상 성분과 그 염류 및 그 이성체를 함유하는 복합성분 의약품

• 허가(신고) 후 변경 시

　- 원료약품 및 그 분량, 제조방법 또는 제조소 변경

　- 의약품동등성시험기준(이하, 의동기준)에 적합한 의약품동등성시험자료가 제
　　출되었는가?

(2) 대조약

• 신규 허가(신고) 시, 공고된 대조약과 의약품동등성시험을 실시하였는가?

　- 대조약 공고: 식약처홈페이지 > 알림 > 공고 > 의약품동등성 시험 대조약 공고

　　* 대조약이 품목취하, 취소 및 미생산(미수입) 등으로 유통되지 않는 경우인가?

　　가. 식약처(의약품심사조정과)에 대조약 확인 요청

　　나. 대조약 구입 불가능 입증자료 제출(외국에서 구입한 경우, 국내 허가된 대
　　　　조약과 제조소, 표시기재 등을 통해 동일성 입증)

　- 다만, 의동기준 제7조제2항에 따른 비교용출시험 시 자사 생동성을 인정받은
　　품목을 대조약으로 한다.

• 의약품동등성시험 대상품목에 대한 변경허가(신고) 시 변경이전 허가사항에 따
　라 제조된 의약품을 대조약으로 사용하였는가?

- 다만, 다음의 경우에는 공고된 대조약과 비교용출시험이 가능하다.

가. 의약품동등성시험 미입증 품목

나. 허가(신고) 시 비교용출시험 또는 비교붕해시험 대상 품목으로서, 미생산, 사용기간 경과 등으로 변경이전 제제가 없는 경우(생산실적보고서 등 근거자료 제출)

다. 동일업체가 아닌 제조소 이전(위탁 및 자사)

라. 의약품동등성시험 입증품목으로서 생동성시험을 실시하는 경우

표 3-4 | 허가·신고사항 변경에 따른 대조약 선정기준

		약동 미입증품목	약동 입증품목	생동 미입증품목		생동 입증품목	
				일반변경	재평가대상	일반변경	재평가대상
제조원 변경* (대부분 처방/제법 변경 수반)		전후비교 약동 (공고된 대조약과 약동 가능)	전후비교 약동 (자사제조로 변경시 공고된 대조약과 약동 가능)	변경 후와 공고된 대조약과 생동	변경 후와 공고된 대조약과 생동	변경 후와 공고된 대조약과 생동	전후비교 생동 후 공고된 대조약과 생동
처방/제법 변경	A,B,C 수준	전후비교 약동 (공고된 대조약과 약동 가능)	전후비교 약동	전후비교 약동 (공고된 대조약과 약동 가능)	변경 후와 공고된 대조약과 생동	전후비교 약동	전후비교 약동 후 공고된 대조약과 생동
	D수준	전후비교 약동 (공고된 대조약과 약동 가능)	전후비교 약동 (공고된 대조약과 약동 가능)*	변경 후와 공고된 대조약과 생동	변경 후와 공고된 대조약과 생동	전후비교 생동 (공고된 대조약과 생동 가능)*	전후비교 생동 후 공고된 대조약과 생동 (변경전, 후 모두 공고대조약과 생동가능)*

* 제조원변경은 위·수탁 등에 따라 동일품목의 다른 업소로의 제조원 변경에 적용.
  동일업소의 제조소 이전은 의약품동등성시험기준[별표 4] 적용.
* 약동 : 비교용출시험, 비교붕해시험, 생동 : 생물학적동등성시험

(3) 시험약

• 최종완제품인가? 다만, 제조공정 중 포장공정 만을 제외한 반제품에 대해서는 완제품과 동일하게 간주할 수 있다.

• 시험약의 제조방법은 허가(신청)사항과 동일하며, 이에 적합한 품질관리시험성적서를 제출하였는가?

• 시험약의 생산규모가 100,000단위 이상인가? 100,000단위 이하일 경우 최종 완제품의 생산배치 규모임을 확인한다.(제조기록서 등)

• 자사시험기준에 따라 시험한 시험약의 함량 또는 역가는 대조약 표시량(100%)과의 차이가 5% 이내이거나, 시험약과 대조약의 함량 또는 역가차이가 5% 이내인가?

  - 다만, 생약제제 중 함량기준이 넓은 범위 또는 기준치 이상으로 설정되어 있어, 시험약과 대조약 각각의 함량시험 결과값 대비 용출률을 산출하는 경우와 비교붕해시험을 실시하는 경우에는 함량기준을 적용하지 않는다.

(4) 허가(신고) 후 변경수준에 따른 의약품동등성시험

◉ 기본사항

• 비교용출시험 대상 품목의 최대 제출자료 범위는 비교용출시험이다. 예를 들어 비교용출시험 대상 품목은 변경수준에 따른 의약품동등성시험이 생물학적동등성시험으로 지정되어 있는 경우에도 비교용출시험으로 변경 가능하다.

◉ 원료약품 및 그 분량 변경

• 원료약품 및 그 분량의 변경수준이 제제별로 타당하게 계산되었는가?

  - 비코팅제제: 단위제형 총질량에 대한 각 첨가제(착색제, 착향제 제외) 함유율의 차를 구하고 첨가제 배합목적별로 함유율의 차를 더하여 변경수준을 구한다.

표 3-5 | 비코팅제제의 첨가제 변경수준(의동기준 제3조제1항제3호가목 관련 [별표2의1]의 I. 표1)

첨가제의 배합목적과 성분	단위제형 총중량중 함유율의 차(%)		
	B	C	D
붕해제			
전분	3.0	6.0	9.0
기타	1.0	2.0	3.0
결합제	0.50	1.0	1.5
활택제·광택제			
스테아르산 및 그 염류	0.25	0.50	0.75
기타	1.0	2.0	3.0
부형제	5.0	10	15
기타(착색제, 착향제는 제외)	1.0	2.0	3.0
변경한 성분 함유율의 차의 절대값을 합한 값	5.0	10	15

- 코팅제제 : 내핵과 필름층(당의층)을 구분하여 각각 변경수준을 계산한다.
  - 내핵 : 비코팅제제와 동일한 방법으로 변경수준 계산
  - 필름층 : 필름층을 구성하는 각 성분의 필름층 총질량에 대한 함유율 차를 구한 다음 이를 더한다. 혼합첨가제(예: 오파드라이)의 경우 각 구성성분 함유율의 차를 계산한다.

표 3-6 | 코팅제제의 첨가제 변경수준(의동기준 제3조제1항제3호가목 관련 [별표2의1]의 I. 표2)

구분	첨가제의 배합목적과 성분	함유율의 차(%)		
		B	C	D
내핵	붕해제			
	전분	3.0	6.0	9.0
	기타	1.0	2.0	3.0
	결합제	0.50	1.0	1.5
	활택제·광택제			
	스테아르산 및 그 염류	0.25	0.50	0.75
	기타	1.0	2.0	3.0
	부형제	5.0	10	15
	기타(착색제, 착향제는 제외)	1.0	2.0	3.0
	내핵에서 변경한 성분 함유율의 차의 절대값을 합한 값	5.0	10	15
필름층[1]	필름층에서 변경한 성분 함유율의 차의 절대값을 합한 값	5.0	10	15
당의층	당의층에서 변경한 성분 함유율의 차의 절대값을 합한 값	5.0	10	15

1) 방수피막, 내피막, 장용성 피막, 방출제어피막 등 당의층 이외의 모든 피막

• 제제의 변경수준: 첨가제별 변경수준을 구하고 가장 높은 변경수준을 제제의 변
경수준으로 한다.

표 3-7 | 원료약품 및 그 분량 변경수준 계산 예(필름코팅제제)

배합 목적	성 분 명	변경전 (A)		변경후 (B)		첨가제 함유율차	
		1정 중 함유량 (mg)	(%)	1정 중 함유량 (mg)	(%)	(A-B) or (B-A)	변경수준
주성분	OOO	20.00	13.33	20.00	12.90		
결합제	히드록시프로필 셀룰로오스	4.00	2.67	4.00	2.58	0.09	E (3.0)
결합제	코포비돈	0.00	0.00	4.50	2.90	2.90	
붕해제	크로스포비돈	7.50	5.00	4.00	2.58	2.42	D (2.4)
부형제	유당수화물	117.50	78.33	121.00	78.06	0.27	B (0.3)
활택제	스테아르산 마그네슘	1.00	0.67	1.50	0.97	0.30	C (0.30)
	내핵총량	150.00		155.00		5.98	C (6.0)
제피제	히프로멜로오스	3.60	75.47	3.60	72.00	3.47	
제피제	폴리에틸렌글리콜 6000	0.00	0.00	0.23	4.60	4.60	C (9.1)
제피제	산화티탄	0.90	18.87	0.90	18.00	0.87	
제피제	탤크	0.25	5.24	0.27	5.40	0.16	
착색제	황색산화철	0.02	0.42				
	필름층 총량	4.77	100.00	5.00	100.00		
	총량	154.77	100.00	160.00	100.00		

※ 계산 시 소수점이하의 유효숫자보다 한 자릿수 더 계산하고 반올림한다.
※ 가장 높은 변경수준은「결합제」 E수준이므로 이 품목의 원료약품 및 그 분량 변경수준은 E이다.

• 시험약과 대조약간의 원료약품 및 그 분량을 기준으로 적절하게 변경수준이 계산되
었는가? 다만, 적량으로 표기된 첨가제는 제조기록서 상의 기준량을 기준으로 한다.

• 코팅제제의 필름층 변경 시 착색제, 착향제를 제외한 모든 첨가제(가소제 포함)의
변경에 대해 변경수준이 계산되었는가?

- 복합성분의약품의 경우 각각의 주성분별로 변경수준을 계산하여 높은 변경수준을 최종변경수준으로 하며, 변경수준 계산 시 주성분간 물리화학적 상호작용이 없는 경우 다른 주성분은 부형제로 간주하여 계산할 수 있다.
- 원료약품 및 그 분량의 변경수준에 따라 타당한 의약품동등성 시험자료가 제출되었는가?

표 3-8 | 원료약품 및 그 분량 변경수준에 따른 의약품동등성시험(의동기준 제3조제1항제3호 가목 관련 [별표2의1]의 II. 표 3)

수준	일반제제[5]/ 장용성제제/ 서방성제제	주성분의 치료영역[1]	제제의 수용성/난용성 여부	제제의 용출속도[2]	의약품동등성시험의 종류[3]
A					의약품동등성시험 실시대상이 아님
B					비교용출시험[4] 또는 비교붕해시험
C	일반제제 장용성제제	넓음	수용성		비교용출시험[4] 또는 비교붕해시험
			난용성		생물학적동등성시험
		좁음	수용성	≧85%/30분	비교용출시험[4] 또는 비교붕해시험
				〈 85%/30분	생물학적동등성시험
			난용성		생물학적동등성시험
	서방성제제	넓음			비교용출시험[4] 또는 비교붕해시험
		좁음			생물학적동등성시험
D	일반제제	넓음	수용성	≧85%/30분	비교용출시험[4] 또는 비교붕해시험
				〈 85%/30분	생물학적동등성시험
			난용성		생물학적동등성시험
		좁음			생물학적동등성시험
	장용성제제 서방성제제				생물학적동등성시험
E					생물학적동등성시험

1) "의약품동등성시험기준"(식약처고시) 제2조제1항제10호에 해당하는 성분은 치료영역이 좁음. 그 외의 성분은 넓음.
2) 이 고시 제3장 비교용출시험에 따라 시험할 때 모든 조건하에서 대조약과 시험약의 30분간 평균 용출률이 85% 이상인 경우는 "≧85%/30분", 그 외의 경우는 "〈 85%/30분"
3) 비교용출시험 또는 비교붕해시험 결과 동등함을 입증하지 못한 경우는 생물학적동등성시험을 실시한다.
4) 이 고시의 시험조건 또는 이와 동등 이상의 시험조건에 의한 비교용출시험자료
5) 일반제제의 필름층, 당의층을 구성하는 첨가제 변경의 경우 비교용출시험 결과가 동등하면 생물학적동등성시험(의약품동등성시험의 종류가 생물학적동등성시험인 경우에 한한다)을 비교용출시험으로 갈음한다. 다만, 용출에 영향을 미치는 첨가제 변경의 경우에는 그러하지 아니한다.

- 기타 주의사항

  - 원료약품 및 그 분량 변경은 B수준의 경우 의동기준의 시험조건 이상에서 시험한다.

  - 판정기준이 다른 변경과 다르므로 주의한다. (평균용출률 및 개별용출률 판정)

  - 표 3-8의 주석5에 해당하는 경우, 생동성시험 대상 품목인 일반제제의 필름층·당의층을 구성하는 첨가제 변경 시 필름층내 변경 또는 당의층 내 변경인 경우에만 비교용출시험결과로 생물학적동등성시험을 갈음할 수 있으며, 당의층과 필름코팅층 간의 변경은 해당하지 않는다.

  - 의동기준 제7조제2항에 따라 비교용출시험자료로 생물학적동등성시험자료를 갈음하고자 하는 경우, 동 기준 [별표2의2]의 2. 표 3-8에 따른 원료약품 및 그 분량 변경수준에 따라 타당한 의약품동등성시험자료가 제출되어야 한다. (본문 3.7.1.을 참조)

  - 의동기준 제2조제1항제10호 "치료영역이 좁은 성분"이란 별표 1에 해당되거나 50% 치사량(LD50)이 50% 유효량(ED50)의 2배 미만 또는 최소독성혈중농도(MTC)가 최소유효혈중농도(MEC)의 2배 미만이거나 용량 또는 농도의 작은 차이가 다른 약물과 비교하여 상대적으로 심각한 치료실패 및 부작용을 나타내게 되는 성분을 말한다." 에 따라 주성분의 치료영역을 판단한다.

  * 치료영역이 좁지 않음을 입증한 기검토 성분(2017.8.) : 가바펜틴, 니자티딘, 라니티딘염산염, 레르카니디핀염산염, 레바미피드, 레보플록사신, 레플루노미드, 로사르탄칼륨, 로수바스타틴칼슘, 모사프리드시트르산염, 목시플록사신염산염, 발사르탄, 세파클러, 세프라딘, 시프로플록사신염산염, 아리피프라졸, 아테놀롤, 아토르바스타틴칼슘, 아토목세틴염산염, 알렌드론산, 암로디핀베실산염, 에르도스테인, 에스암로디핀, 에피나스틴염산염, 엔타카폰, 오플록사신, 옥시코돈염산염, 올메사르탄메독소밀, 이매티닙메실산염, 이트라코나졸, 클래리트로마이신, 클로르프로마진염산염, 클로피도그렐황산수소염, 테모졸로미드, 토피소팜, 프레가발린, 플루옥세틴염산염, 히드로클로로퀸황산염, 게피티니브, 도네페질염산염, 메트포르민염산염, 메틸프레드니솔

론, 멜록시캄, 부스피론염산염, 솔리페나신숙신산염, 시타글립틴인산염, 아세클로페낙, 아세트아미노펜, 올로파타딘염산염, 콜린알포세레이트, 테르비나핀염산염, 텔미사르탄, 트라마돌, 티로프라미드염산염

◉ 제조방법의 변경

• 자세한 사항은 '제조방법 변경에 따른 의약품동등성시험 가이드라인(식약처, 2015.12.)' 내용을 참조한다.

• 제조방법의 변경수준에 따라 타당한 의약품동등성시험자료가 제출되었는가? 단, 동일한 변경내용이라도 제제의 특성과 공정에 따라 품질에 미치는 영향은 달라질 수 있으므로 타당한 의약품동등성자료가 제출되어야 한다.

표 3-9 | 제조방법의 변경수준 및 제출자료의 범위(의동기준 제3조제1항제3호나목관련 별표3)

수준	범위	의약품동등성시험의 종류[1]
A	1) 제피 시 용제로 사용하는 휘발성용매를 추가 또는 변경하는 경우 2) 원료칭량 공정 또는 완제품 포장공정만 달리하여 제조하는 경우 3) 제품의 성상을 변경하는 경우 4) 공캡슐의 크기(조성 포함)를 변경하는 경우 5) 기타 의약품동등성에 영향을 미치지 않는다고 인정되는 경우	의약품동등성시험 실시대상이 아님
B	1) 주성분 제조원을 변경 또는 추가하는 경우 2) 기타 A수준, C수준 또는 D수준에 모두 해당하지 않는 경우 3) 생산규모의 변경(의약품동등성시험 및 생물학적동등성시험에 사용한 생산규모로부터 누적하여 10배 이상에 한함)	비교용출시험[2] 또는 비교붕해시험
C	1) 조립(粗粒)방법(압출방식, 유동층과립법 등)의 변경 2) 연합액 종류(유기용매, 물 등)의 변경 3) 제조공정조건(혼합시간, 조작속도 등)의 변경	비교용출시험[3] 또는 비교붕해시험
D	품질에 큰 영향을 미칠 가능성이 있는 제조공정(예: 직타법, 건식법 또는 습식법)의 변경	생물학적동등성 시험[4]

1) 비교용출시험 또는 비교붕해시험 결과 동등함을 입증하지 못한 경우는 생물학적동등성시험을 실시한다.
2) 허가(신고)사항 중 기준 및 시험방법 또는 공정서에 설정된 시험조건에서의 비교용출시험자료
3) 이 고시의 시험조건 또는 이와 동등 이상의 시험조건에 의한 비교용출시험자료
4) 다만, 치료역이 넓고 의약품동등성시험기준의 모든 조건에서 30분 이내에 85% 이상 용출하고 용출의 동등성이 확인되는 경우 비교용출시험으로 갈음할 수 있다.

- A수준 변경관리의 예는 다음과 같다.
  - 제피 시 휘발성 용매의 종류나 양의 변경
  - 성상 중 단순 성상표기 변경, 색상변경
- B수준 변경관리의 예는 다음과 같다.
  - 제피 시 휘발성 용매에서 비휘발성 용매로의 변경
  - 제제의 성상 중 총질량의 변화는 없고 펀치(punch)가 변경되어 모양이 변하는 경우. 단, 모양이 동일하고 각인만 변경되는 경우 A수준으로 한다.
  - 연합액으로 사용되는 용매의 양 변경
  - 최초 의약품동등성시험 시 사용한 생산규모로부터 누적하여 10배 이상의 생산규모 변경
  - 주성분 제조원의 변경 또는 추가
    · 주성분 제조원의 위탁제조소[전공정(또는 일부공정) 위탁]가 변경되는 경우에도 자료제출이 필요하며, 주성분이 반제품인 경우 제조원변경에 따른 변경수준을 고려한 자료제출이 필요하다.
- 제조공정(제조장비 및 공정조건을 모두 포함)의 변경수준은 다음과 같이 분류한다.
  - 제조장비의 변경
    · 상이한 작동원리의 장비로 변경: C
    · 동일한 작동원리의 장비로 변경: A
  - 공정조건의 변경
    · 밸리데이션 된 공정조건 범위 외 변경: B, C
    · 밸리데이션 된 공정조건 범위 내 변경: A

◉ 제조소의 변경

- 자세한 사항은 '제조방법 변경에 따른 의약품동등성시험 가이드라인(식약처, 2015.12.)' 내용을 참조한다.
- 시험약의 제조소 변경수준에 따라 타당한 의약품동등성시험자료가 제출되었는가?

표 3-10 | 제조소의 변경수준 및 제출자료의 범위(의동기준 제3조제1항제3호다목관련 별표4)

수준	범위	의약품동등성시험의 종류[1]
A	1) 이미 생물학적동등성이 인정된 품목을 제조하는 업소로 위탁제조소를 변경하는 경우 2) 원료칭량 공정 또는 완제품 포장공정 제조소를 변경하는 경우 3) 기타 의약품동등성에 영향을 미치지 않는다고 인정되는 경우	의약품동등성시험 실시대상이 아님
B	원료약품 및 그 분량과 제조방법의 변경이 없는 동일업체의 제조소 이전 품목의 경우	비교용출시험[2] 또는 비교붕해시험
C	1) 원료약품 및 그 분량과 제조방법의 변경이 있는 동일업체의 제조소 이전 품목의 경우 2) A수준, B수준 이외의 경우	비교용출시험[3] 또는 비교붕해시험

1) 비교용출시험 또는 비교붕해시험 결과 동등함을 입증하지 못한 경우는 생물학적동등성시험을 실시한다.
2) 허가(신고)사항 중 기준 및 시험방법 또는 공정서에 설정된 시험조건에서의 비교용출시험자료
3) 이 고시의 시험조건 또는 이와 동등 이상의 시험조건에 의한 비교용출시험자료

• 동일업체의 제조소 변경

　- 원료약품 및 그 분량과 제조방법의 변경이 없는 경우: B 수준

　- 원료약품 및 그 분량 변경이 있는 제조소이전의 경우 C 수준에 해당되며 의동기준 "[별표 2의1]원료약품 및 그 분량 변경수준 및 제출자료 범위"의 변경수준과 비교하여 보다 높은 수준에 따라 의약품동등성시험과 동등성판정을 한다.

　- 제조방법 변경이 있는 제조소이전의 경우 C 수준에 해당되며 의동기준 "[별표 3]제조방법의 변경수준 및 제출자료의 범위"의 변경 수준과 비교하여 보다 높은 수준에 따라 의약품동등성시험과 동등성판정을 한다.

• 동일업체 이외의 제조소 변경

　- 생물학적동등성시험 대상 품목은 생물학적동등성시험 실시한다.

　- 비교용출시험 대상 품목은 비교용출시험 실시한다.

　- 생물학적동등성시험 대상 품목의 허가 후 제조소 변경(자사↔위탁) 시 제조

및 품질관리 사항의 기술이전 등이 입증되는 경우, 비교용출시험자료 제출이 가능하다[허가(신고)업무관련 처리지침 알림(약효동등성과-193호, 2013.1.18.) 참조].

· 다만, 제조소 변경을 제외한 제조방법 및 원료약품의 분량 등은 동일해야 한다.

· 기술이전 입증을 위한 심사자료의 세부요건 및 작성방법은 "허가 후 제조소 변경을 위한 기술이전 심사 가이드라인"(식약처, 2016.12.)을 참고한다.

○ 다중변경

• 의동기준 제3조제1항제3호(허가사항변경)의 가목 내지 다목의 사항 중 2개 이상의 항목을 동시에 변경 시 가장 높은 변경수준에 대하여 의약품동등성시험이 실시되었는가?

• 다중변경 중 제조소 추가가 있는 경우, 각 제조소에 대하여 각각 동등성이 입증되었는가?

예시 1 주성분 제조원 S1에 S2를 추가하고 원료약품 및 그 분량 F1을 F2로 변경할 때
→ 대조약 S1F1과 시험약 S2F2에 대하여 동등성을 입증한다.

예시 2 주성분 제조원 S1에 S2를 추가하고 제조방법 M1을 M2로 변경할 때
→ 대조약 S1M1과 시험약 S2M2에 대하여 동등성을 입증한다.

예시 3 주성분 제조원 S1에 S2를 추가하고 제조소 P1을 P2로 이전(또는 추가)할 때
→ 대조약 S1P1과 시험약 S2P2에 대하여 동등성을 입증한다.

예시 4 3성분(A,B,C) 복합제의 주성분제조원 SA1, SB1, SC1에 대하여 각각 주성분제조원 SA2, SB2, SC2를 추가할 때
→ 대조약(SA1,SB1,SC1)과 시험약(SA2,SB2,SC2)에 대하여 동등성을 입증한다.

(5) 비교용출시험

• 의동기준 제19조 및 별표5의2에 적합하게 비교용출시험이 수행되었는가?

• 제제 중 주성분의 양이 적거나 분석법의 정량한계로 인하여 용출률 분석이 어려워 시험액의 양을 줄이거나 검체 2개 이상을 넣어 시험할 경우, 다음 사항을 고

려하여 변경 정도를 최소화하고 설정에 대한 근거자료를 제출하였는가?

- 싱크조건의 유지

- 제제의 용출양상 및 동등성 판정이 가능한 범위의 농도 확보

- 용출시험에 대한 영향(회전, 시험액의 양 등)

• 제제의 특성상 각 시험액에 대한 시험이 필요 없다고 판단되는 경우에는 구체적인 근거자료(문헌, 예비시험결과 등)가 제출되었는가?

- 용출시간 및 분석시간 내 현저한 분해성이 나타나지 않고 분해로 인해 동등성 판정시점 선택의 문제가 생기지 않는다면 비교용출시험을 실시하고 동등성판정을 할 수 있다.

- 생약제제의 경우, 시험약과 대조약 각각의 함량시험 결과값 대비 용출률을 산출하여 비교하는 것이 가능하며, 이때 함량시험에 설정된 모든 지표성분에 대해 시험하는 것을 원칙으로 한다. 또한, 함량기준으로 배당체(예: 은행엽엑스제제 등)가 설정되어 있는 경우, 용출액 중 배당체의 당을 제거하는 방법(예: 정량법의 전처리 중 산처리 등)을 추가하여 시험하도록 한다.

• 의동기준 제20조에 적합하게 비교용출시험 결과보고서가 작성되었는가?

가. 품질관리시험성적서

ㅇ 시험약의 기준 및 시험방법에 따른 시험성적서로서 기준 및 시험방법은 허가(신청)사항과 동일한가?

ㅇ 공정서의 경우 최신 버전을 확인한다.

ㅇ 기준 및 시험방법에 따라 시험을 실시하였는지, 미실시 항목이 있는지 확인한다. (시스템적합성시험 등)

나. 시험약 제조에 사용한 주성분의 원료시험성적서

ㅇ 시험약 제조에 사용한 주성분의 원료시험성적서를 제출하였으며, 이는 허가(신고)신청사항과 동일한가?

다. 시험약의 제조공정에 관한 상세자료

ㅇ 신청사항(원료약품 및 그 분량, 제조방법)에 따른 제조방법을 확인할 수 있는 자료인가?

○ 제조방법 및 제조소 변경인 경우 전·후 제조방법의 변경사항을 확인할 수 있는 자료가 제출되었는가?

라. 위탁시험 시 의약품동등성시험 위·수탁계약서를 제출하였는가?

마. 위탁시험의 경우 최종적으로 신청사의 제조관리자(수입관리자)가 검토 및 서명한 결과보고서를 제출하였는가?

바. 기준 및 시험방법 시험조건에서의 비교용출시험에 해당하는 수준의 변경 시,

○ 허가사항 중 기준 및 시험방법에 용출항목이 설정되어 있는 경우, 기시법의 시험조건에서 비교용출시험을 실시할 수 있다.

○ 해당제제의 기시법에 용출 항목이 설정되지 있지 않은 경우, 해당제품이 수재된 공정서에 용출이 설정되어 있더라도 해당 공정서 용출시험조건을 적용할 수 없으며 의동기준 조건에서 비교용출시험을 실시해야 한다.

표 3-11 | 일반제제 및 서방성제제의 동등성 판정기준(동 규정 제21조제1항 및 제2항)

	대조약 평균용출률	비교 시점		동등성 판정기준
일반제제 및 장용성제제	85%에 도달	15분 이내 85% 도달	85% 부근	평균용출률 ±15% 이내
		15-30분에 85% 도달	60%, 85% 부근	평균용출률 ±15% 이내 또는 유사성 인자(f2) 50 이상
		30분 이후 85% 도달	40%, 85% 부근	평균용출률의 ±15% 이내 또는 유사성 인자(f2) 50 이상
	85% 미만	판정시점(용출률의 약 1/2부근, 규정시간)에서 50%〈용출률〈85% 일때		평균용출률 ±15% 이내 또는 유사성 인자(f2) 50 이상
		판정시점(용출률의 약 1/2부근, 규정시간)에서 용출률〈50% 일때		평균용출률 ±8% 이내 또는 유사성 인자(f2) 55 이상
서방성제제	50% 미만	30, 50, 80% 부근 (80% 미만인 경우 최종시점)		평균용출률 ±10% 이내 또는 유사성 인자(f2) 55 이상
	50~80%	30, 50, 80% 부근 (80% 미만인 경우 최종시점)		평균용출률 ±10% 이내 또는 유사성 인자(f2) 50 이상
	80% 이상	30, 50, 80% 부근		평균용출률 ±10% 이내 또는 유사성 인자(f2) 40 이상

표 3-12 | 원료약품 및 그 분량 변경에 따른 동등성 판정기준(동 규정 제21조제3항 및 제4항)

분류[1]	대조약의 평균용출률	비교 시점		동등성 판정기준
평균 용출률	15분 이내 85% 도달	85% 부근		평균용출률 ±10% 이내
	15~30분에 85% 도달	60%, 85% 부근		평균용출률 ±10% 이내 또는 유사성 인자(f_2) 50 이상
	30분 이내 85%에 도달 않는 경우	최종용출률 50% 미만	용출률의 약 1/2부근, 규정시간	평균용출률 ± 6% 이내 또는 유사성 인자(f_2) 60 이상
		50-85%	용출률의 약 1/2부근, 규정시간	평균용출률 ± 8% 이내 또는 유사성 인자(f_2) 55 이상
		85% 이상	40%, 85% 부근	평균용출률 ± 10% 이내 또는 유사성 인자(f_2) 50 이상
개별 용출률	최종 비교시점에서 50% 미만일 때	시험약의 평균용출률 ±9% 범위를 초과하는 것이 12개 중 1개 이하로 ±15% 범위를 넘는 것이 없다		
	최종 비교시점에서 50~85%일 때	시험약의 평균용출률 ±12% 범위를 초과하는 것이 12개 중 1개 이하로 ±20% 범위를 넘는 것이 없다.		
	최종 비교시점에서 85% 이상일 때	시험약의 평균용출률 ±15% 범위를 초과하는 것이 12개 중 1개 이하로 ±25% 범위를 넘는 것이 없다		

1) 서방성 제제인 경우에는 평균용출률 및 개별용출률을 80%로 적용한 기준에 적합할 때 시험약과 대조약의 용출은 동등한 것으로 판정한다.

　사. 시험의 신뢰성을 확인할 수 있는 시험실시 연월일시간이 기재된 시험기초자료를 제출하였는가?
　　○ 시험은 제어 시스템(audit trail)을 갖춘 기기에서 실시하여야 하며 분석의 특이사항 여부를 확인하도록 한다.
・의동기준 제21조 및 별표6의2에 적합하게 용출양상의 동등성이 판정되었는가? (표 3-11 및 표 3-12 참조)

(6) 비교붕해시험

・비교용출시험이 불가능한 사유와 근거자료가 타당한가?
　○ 제제의 특성상 비교용출시험이 불가능한 경우
　　- 효소제제 : 단백질로 이루어져 있으며 각종 화학반응에서 자신은 변화하지 않으나 반응속도를 빠르게 하는 촉매 역할을 하는 효소로 만들어진 제제다.

일반적으로 효소의 활성은 pH에 의존적이므로 용출시험액에 따라 활성측정이 불가능하여 비교용출시험이 불가능하다.(예 : 브로멜라인)

- 유산균제제 : 당류(glucose)를 에너지원으로 사용하여 다량의 유산과 2차 기능성 성분을 생성하면서 장내에서 해로운 물질 및 미생물을 제거하여 사람에게 유익함을 제공하는 장내 세균을 의약품으로 제조한 제제를 말한다. 유산균제제는 함량기준 범위가 넓고 특정 시험액에서 유산균의 활성측정이 불가능하므로 비교용출시험이 불가능하다.(예 : 락토바실루스아시도필루스균)

○ 비교용출시험이 불가능한 사유

- 용출액을 분석할 수 있는 타당한 분석법을 확보할 수 없을 때

  예시 시메치콘 성분의 유일한 정량분석법으로 IR법만 있으며 이를 이용하여 용출액을 분석하는 것이 불가능할 때

- 미량성분으로 분석이 불가능한 때

  예시 알파칼시돌 제제는 주성분의 함량이 μg 단위로 검체수를 늘리고 시험액 양을 줄이는 방법에 의해서도 정량범위 내의 농도를 확보할 수 없어 용출액 분석이 불가능하다.

○ 비교용출시험이 불가능함이 인정되지 않는 사유

- 극난용성 제제는 의동기준의 조건에 따른 시험액 및 가용화제를 첨가한 시험액에서 모두 동등성판정에 충분한 용출률을 얻을 수 없는 경우가 많으나 제제의 용출양상을 확보하고 동등성을 판정할 수 있는 타당한 시험액을 선정하여 비교용출시험을 수행하여야 한다.

- 함량분석법이 적정법인 의약품 제제(무기의약품 등)는 용출액 분석 시 적정법의 적용이 타당하지 않을 수 있으므로 용출액을 분석할 수 있는 타당한 다른 분석법의 적용을 고려하여야 한다.

• 의동기준 제23조에 적합하게 비교붕해시험이 수행되었는가?

• 의동기준 제24조에 적합하게 붕해의 동등성이 판정되었는가?

• 의동기준 제25조에 적합하게 붕해시험 결과보고서가 작성되었는가?

  (시험방법과 동등성판정의 기준을 제외하고 비교용출시험결과보고서와 동일하게 검토한다.)

(7) 생물학적동등성시험의 제외대상

◎ 함량이 다른 경구용 고형제제

① 기본사항

• 동일 제조업자가 이미 생물학적동등성을 인정받은 품목과 제형 및 주성분의 종류는 동일하나 주성분의 함량이 다른 경구용 고형제제는 의동기준 별표 2의2의 기준에 따라 비교용출시험자료를 제출할 수 있다.

② 주의사항

• 대조약으로 사용한 자사 생동성을 인정받은 품목이 생동성시험 결과보고서를 제출하여 식약처의 심사결과 적합 판정을 받은 품목인가?

• 자사 생동성 입증 품목과 제형과 주성분의 종류가 동일하고 첨가제가 비율적으로 유사한가?

• 자사 생동성 입증 품목과 제조방법이 동일한가?

• 저함량 제제로 생동성을 입증한 후 고함량 제제를 허가받고자 하는 경우, 이미 허가된 치료용량 범위 내에서 유효성분의 선형소실 약물동태를 입증하였는가?
  - 문헌(SCI수재 논문 등) 또는 시험자료 등에서 용량에 따라 혈중농도-시간곡선 하면적(AUC)이 비례적으로 증가함을 보여야 한다.

• 의동기준 제21조 및 별표6의2, 별표2의2에 적합하게 용출양상의 동등성이 판정되었는가?

• 자세한 사항은 "함량이 다른 경구용 고형제제의 생동성시험 가이드라인"(식약처, 2016.7.)을 참고하도록 한다.

◎ 생물약제학적 분류체계(BCS)

① 기본사항

• 경구용 정제 또는 캡슐제가 의동기준 별표 5의 기준에 적합함을 입증하는 경우 생물학적동등성시험을 면제할 수 있다.

• 다만, 치료영역이 좁은 성분, 서방성제제 등 제형의 특수성이 인정되는 제제 및

설하정, 구강정 등과 같이 구강에서 흡수되는 제제는 면제대상에서 제외한다.

② 주의사항

가. 주성분의 치료영역이 좁지 않음을 입증하였는가?

○ 식약처의 검토 결과 이미 치료영역이 좁지 않음이 인정된 바 있는 주성분을 사용하고자 하는 경우는 동 자료의 제출을 면제할 수 있다.

(치료영역이 좁지 않음을 입증한 기검토 성분은 본문 3.4.2.를 참고)

나. 주성분의 용해도에 대한 자료가 제출되었으며, 동일 주성분을 함유하는 일반 경구 고형제제중 이미 허가된 바 있는 최고함량을 용해시키기에 충분한 수용액의 부피가 250mL 이하인가?

○ 의동기준 별표5 [별첨 1]에 따라 시험한다.

○ 용해도 시험은 pH 1.0 ~ 7.5 범위에서 실시하였는가? pKa가 3 ~ 5 범위에 있는 약물의 경우는 적어도 1, pKa-1, pKa, pKa+1, 7.5의 pH에서는 실시하였는가?

○ 용액의 pH는 약물 성분을 완충액에 가한 뒤 확인하였는가?

○ 분석법은 밸리데이션되었는가?

○ 완충액의 조성 또는 pH에 따라 약물 성분이 분해되는가?

- 분해된다면 의동기준 별표5 [별첨 2] Ⅲ.항에 따른 위장관에서의 안정성시험 자료도 제출되어야 한다.

다. 주성분의 투과도에 대한 자료가 제출되었으며, 사람 또는 사람에서의 흡수량을 예측할 수 있는 시험계에서의 주성분 흡수량 또는 사람의 장관막을 투과하는 물질의 이동 속도를 측정하여 흡수량이 투여량의 90% 이상임을 입증하였는가?

○ 의동기준 별표5 [별첨 2]에 따라 시험한다.

- 다만 투과도 자료의 경우 문헌자료[SCI급 문헌, 공고대조약 허가사항 또는 외국규제당국(FDA, EMA 등) 심사보고서 등]으로 제출가능하다.

○ 사람에서의 약동학 시험 자료를 제출한 경우,

- 질량평형시험이나 절대생체이용률시험은 충분한 수의 시험대상자로 실시하였는가?
- 시험 디자인 및 방법에 대한 자료와 약동학 자료가 타당한가? 문헌자료를 제출한 경우, 시험 디자인 및 방법이 명확히 기술되어 있는가?
- 절대생체이용률이 90% 이상이거나 투여된 약물의 90% 이상이 뇨로 배설되었는가?
  · 이 경우 위장관액에서의 약물 안정성에 대한 추가자료는 필요하지 않다.
○ 장관 투과도 시험 자료를 제출한 경우,
  - 사람에서의 생체내 장관 관류 시험 및 적절한 동물 모델(예를 들면, 랫드)에서의 시험관내 또는 in situ 장관 관류 시험, 절제한 장관조직 또는 적절한 단층 상피세포를 이용한 시험관내 투과도 시험자료를 제출할 수 있다.
    · 자세한 사항은 의동기준 별표5 [별첨 2] 2. 장관 투과도 시험을 참고한다.
  - 선정된 시험방법의 타당성에 관한 자료를 제출하였는가?
    · 사람에서의 생체내 장관 관류 시험은 6개의 모델 약물을 이용하여 투과도 시험의 적합성을 입증하였는가?
    · 동물 생체 내 또는 in situ 장관관류시험 및 시험관내 세포배양 시험의 경우, 20개의 모델 약물을 이용하여 투과도 시험의 적합성을 입증하였는가?
    · 사람에서의 생체내 장관 관류 시험 이외의 시험을 하고자 하는 경우, 시험약물은 수동 수송 기전에 의해 수송되는 약물 성분인가?
  - 적합성이 입증된 시험방법으로 시험을 실시하였는가?
    · 낮은 투과도와 높은 투과도를 나타내는 모델약물을 내부표준물질로 사용하여 시험하였는가?
    · 사용하는 내부표준물질은 시험약물 성분과 어떠한 물리적, 화학적 또는 투과에 대한 상호작용을 나타내지 않는가?
    · 두 내부표준물질의 투과도 측정치가 적합성 입증 시험을 포함하여 다른 시험에서 측정된 값과 크게 차이가 없는가?
    · In situ 또는 시험관내 시험이 끝날 무렵 막에서의 약물 양을 측정하였는가?

- 시험 결과, 시험약물 성분의 투과도 값이 투과도가 높은 내부표준물질의 투과도 값과 동등하거나 큰가?

○ 약물이 위장관에서의 불안정한가?

- 위장관에서의 안정성은 의동기준 별표5 [별첨 2] III. 항에 따라 확인한다.

- 절대생체이용률이 90% 이상이거나 투여된 약물의 90% 이상이 뇨로 배설된 경우는 자료 제출이 필요하지 않다.

- 용해도 시험에서 완충액의 조성 또는 pH에 따라 약물 성분이 분해되는 경우도 위장관에서의 안정성시험 자료가 제출되어야 한다.

○ 식약처 검토 결과 이미 투과도가 높음이 인정된 바 있는 주성분을 사용하고자 하는 경우는 동 자료의 제출을 면제할 수 있다.

* 식약처 공개 성분(2017.8.) : 메만틴염산염, 레비티라세탐

* 식약처 공개 성분은 생동성시험을 위한 권고사항을 참고한다.

(☞온라인의약도서관(http://drug.mfds.go.kr) > 제네릭의약품정보 > 성분별 생동성시험 권고사항)

라. 제제의 용출에 관한 자료가 제출되었으며, 대조약 및 시험약 모두 표시량의 85% 이상이 15분 이내에 용출되었는가? 또는 대조약 및 시험약 모두 표시량의 85% 이상이 30분 이내에 용출되며 두 제제의 용출양상이 유사한가?

○ 의동기준 별표5 [별첨 3]에 따라 시험한다.

- 동일 함량의 공고대조약과 비교용출시험을 실시하였는가?

- 평균용출률, 용출 범위(최고 및 최저) 및 변이계수(상대 표준편차)표를 제출하였는가?

- 대조약 및 시험약 모두 표시량의 85% 이상 용출되는 시점까지 시험하였는가?

- 각 용출률 평균값의 변이계수가 10분의 경우에는 20%, 그 외의 시점에서는 10%를 초과하지 않았는가?

- 대조약 및 시험약 모두 표시량의 85% 이상이 15분 이내에 용출되었는가?

· 이 경우 f2치로 용출양상을 비교할 필요는 없다.

- 대조약 및 시험약 모두 표시량의 85% 이상이 30분 이내에 용출되었는가?

· 이 경우 유사성 인자(f2)가 50 이상이어야 한다.

마. 기허가된 일반 경구고형제제에 사용되지 아니한 새로운 첨가제를 사용하였는가? 또는 폴리소르베이트 80 등의 계면활성제, 만니톨, 솔비톨 등의 감미제를 사용한 경우 일반적으로 사용되는 양에 비해 과량으로 사용하였는가?

○ 이러한 첨가제를 과량으로 사용한 경우 첨가제가 약물의 생체이용률에 영향을 주지 않음을 입증하는 자료 제출이 필요하다.

바. 물질 자체는 생리활성을 나타내지 않으나 체내에서 효소적 또는 비효소적 반응에 의해 생리활성이 있는 약물로 변환되는 전구약물인가?

○ 전구약물이 생리활성이 있는 약물로의 변환이 주로 장관막 투과 후에 일어날 때는 전구약물의 투과도 자료를, 장관막 투과 전에 일어나면 생리활성이 있는 약물의 투과도 자료를 제출하도록 한다.

○ 용해도 및 용출 자료는 전구약물과 생리활성이 있는 약물 모두에 대하여 제출하는 것이 바람직하다.

3) 이화학적동등성시험

(1) 일반적 고려사항

◎ **이화학적동등성시험 실시대상 품목에 해당하는가?**

① 1989년 1월 1일 이후 제조(수입)품목 허가된 전문의약품으로 신약에 해당하는 의약품 중, 다음에 해당하는 경우

• 시럽제, 엘릭서제, 틴크제 등 경구용 액제(유제 및 현탁제 등은 제외) 및 외용 액제로서 유효성분의 종류 및 농도가 기허가·신고사항과 동일하고 첨가제가 유효성분의 흡수에 영향을 미치지 않는 제제

• 주사제, 점안제, 점이제로서 원료약품의 종류가 기허가·신고사항과 동일한 제제. 다만 다음의 첨가제는 기허가·신고사항과 다를 수 있으나 이러한 경우 유효성분의 작용에 영향을 미치지 않음을 입증하여야 한다.(입증방법의 예 : 안정성 시험 자료 등)

- 주사제의 경우 보존제, 완충제, 항산화제, pH 조절제(다만, 이미 허가·신고된 바 있는 주사제에 사용된 pH 조절제에 한하며 이 경우 첨부문서 등을 통해 그 첨가제의 종류가 이미 허가·신고된 의약품과 같다는 것을 입증한다)
- 점안제 및 점이제의 경우 보존제, 완충제, 등장화제, 점도조절제
• 흡입 전신마취제
• 전신작용을 기대하지 않고 국소요법만을 목적으로 하는 외용제제
• 유효성분을 기체나 증기 등의 흡입제로 투여하는 것으로서 국소요법만을 목적으로 하는 제제
• 수액제, 혈액증량제 및 인공관류액제제

② 이미 허가·신고된 품목과 용법·용량은 동일하나 제형의 특수성이 인정되는 제제 중 폐에 적용하는 흡입제, 다만, 이 경우 이화학적동등성시험자료 이외에, 대조약과 시험약의 약제학적 투여 형태, 흡입기구를 통해 흡입되는 양, 흡입기구의 취급방법, 흡입기구의 기류에 대한 동일한 저항성, 목표전달량 등 비교시험을 통해 약물이 폐에 도달하는 정도가 유사함을 입증하는 생체외 시험자료의 타당함을 검토한다.

■ **주사제, 점안제, 점이제로서 그 첨가제의 종류가 이미 허가신고된 바 있는 의약품과 동일한 경우**
➡ 첨가제의 종류 및 분량이 기허가·신고사항과 동일한 1989년 1월 1일 이후 신약의 제네릭의 경우 이화학적동등성시험자료를 제출하며, 그 외의 제네릭인 경우 단순 신고(변경)로 처리한다.
➡ 다만, 현탁성 주사제의 경우 원료약품의 종류가 기허가·신고사항과 동일하더라도 제형의 특수성이 인정되는 제제로서 생물학적동등성시험자료 또는 비교임상시험성적에 관한 자료를 제출하여야 한다. (의약품의 품목허가·신고·심사규정 개정 예정)
■ **주사제, 점안제, 점이제로서 그 첨가제의 종류가 이미 허가신고된 바 있는 의약품과 다른 경우***
➡ 안전성·유효성 심사자료로 생물학적동등성시험자료 또는 비교임상시험자료를 제출한다.
➡ 다만, 1)의 ②에 해당하는 첨가제의 종류가 다른 경우 이화학적동등성시험자료와 1)의 ②의 단서규정에 따른 자료로 갈음할 수 있다. (의약품의 품목허가·신고·심사규정 개정 예정)

➡ 1989년 1월 1일 이전에 제조(수입)품목 허가된 신약 또는 자료제출 의약품도 해당된다.

➡ 첨가제의 종류나 분량이 상이한 경우 첨가제에 따라 제출자료 범위가 다르므로 주의한다.
(4. 주요 제형별 이화학적동등성시험 심사 시 고려사항 참조)

■ 보존제, 완충제, 항산화제, pH 조절제가 아닌 첨가제가 기허가·신고사항과 다른 주사제, 보존제, 완충제, 등장화제, 점도조절제가 아닌 첨가제가 기허가·신고사항과 다른 점안제/점이제

➡ 안전성·유효성 심사자료로 생물학적동등성시험자료 또는 비교임상시험자료를 제출한다.

※ 폐에 적용하는 흡입제에서 대조약과 시험약의 약제학적 투여형태, 흡입기구를 통해 흡입되는 양, 흡입기구의 취급방법, 흡입기구의 기류에 대한 동일한 저항성, 목표전달량 등 비교시험을 통해 약물이 폐에 도달하는 정도가 유사함을 입증하지 못하는 경우, 안전성·유효성 심사자료를 이화학적동등성시험자료로 갈음할 수 없고, 생물학적동등성시험자료 또는 비교임상시험자료를 제출해야 한다.

◉ **대조약은 타당하게 선정되었는가?**

• 공고대조약을 확인한다.

• 공고대조약이 없는 경우 의약품동등성시험기준(식약처 고시)에 따라 대조약 선정을 확인한다.

• 각 대조약별로 원료약품분량, pH기준, 제조방법 등이 다를 수 있으므로 대조약 선정에 주의한다.

◉ **시험약의 기준 및 시험방법에 설정된 시험항목에 대해 시험약과 대조약을 시험하였는가?**

• 다만, 대조약의 경우 대한민국약전 제제총칙에 기재되어 있는 시험항목에 한하여 제출 면제한다.

표 3-13 | 이화학적동등성 시험항목 예시

구분[1]			대한민국약전 제제총칙 시험항목 예시[3]
1호	경구용액제	시럽제	제제균일성시험법[2]
		엘릭서제	
		틴크제	
	외용액제		제제균일성시험법
2호	주사제		엔도톡신시험법(또는 발열성물질시험법), 무균시험법, 불용성이물시험법, 불용성미립자시험법, 실용량시험법, 제제균일성시험법
	점안제		무균시험법, 불용성이물시험법, 불용성미립자시험법
	점이제		-

1) 의약품의 품목허가·신고·심사규정 제27조제3항
2) 1회 복용량씩 포장한 형태의 것(분포)인 경우
3) 보존제를 사용하는 경우 보존제시험 항목 추가 면제

(2) 시험약

• 의약품동등성시험기준(식약처 고시) 제20조에 따라 검토한다.

• 최종완제품인가? 다만, 제조공정 중 2차 포장공정 만을 제외한 반제품에 대하여
  는 완제품과 동일하게 간주할 수 있다.

• 시험약의 제조공정에 관한 상세자료

  - 신청사항(원료약품 및 분량, 제조방법)에 따른 제조방법을 확인할 수 있는 자
    료인가?

• 시험약의 제조에 사용한 주성분의 원료시험성적서

  - 제조방법의 주성분제조원과 원료시험성적서에 기재된 제조원의 명칭 및 소재
    지가 일치하는가?

  - 원료시험성적서의 제조번호와 시험번호 등이 실제 시험약의 제조에 사용한
    주성분 제조번호 또는 시험번호와 동일한가? 완제품 제조원에서 주성분에 대
    한 제조번호를 별도 부여한 경우 주성분 제조원의 제조번호와 연관성을 확인
    할 수 있는가?

　　- 규격에 적합한 원료를 사용하였는가? 별첨규격의 원료일 경우, 해당 규격이 허가 받은 규격과 동일한가?

• 보존제가 첨가제로 사용된 경우 보존제의 종류 및 농도가 허용된 사용범위인지 확인하였는가?

(3) 이화학적동등성시험자료 검토사항

◎ 시험약의 품질관리시험성적서

• 시험약 허가사항 중 기준 및 시험방법에 적합한 품질관리시험 성적서를 제출하였는가?

• 공정서로 기준 및 시험방법이 설정된 경우 제조일 당시 유효한 공정서 버전과 일치하는가?

• 시험 기초자료와 품질관리시험성적서는 시험일자 및 결과값이 일치하는가?

◎ 시험일지

• 실제 시험 방법이 시험약 허가사항 중 기준 및 시험방법과 일치하는가?

• 표준품 관련 사항(채취량, 희석방법, 순도, 계산식 등), 검체수, 분석조건 등에 관하여 상세 기재되어 있는가?

• 함량시험, 유연물질 시험 등은 시험 전 과정을 자세히 기재하였는가?

◎ 시험 기초자료

• 각 기초자료의 검체명은 확인이 가능하도록 명확하게 기재하였는가?

• 각 시험 기초자료의 시험실시 년·월·일·시간을 확인할 수 있는가?

• 검체분석은 표준액이나 시스템적합성 분석과 동일한 분석조건을 유지한 상태로 연속적으로 이루어졌는가?

• 순도시험 등에서 크로마토그램은 작은 피크의 크기나 모양도 확인 가능한가?

(4) 주요 제형별 이화학적동등성시험 심사 시 고려사항

◎ **주사제**

① 보존제, 완충제, 항산화제, pH 조절제를 제외한 모든 원료약품의 종류가 기허가 사항과 동일한가?

- 보존제, 완충제, 항산화제, pH 조절제의 종류가 기허가·신고사항과 상이한 경우 안정성시험자료(예 : 6개월 이상의 가속시험) 등 첨가제가 유효성분의 작용에 영향을 미치지 않음을 입증하는 자료를 제출한다. 또한 종류는 기허가·신고 사항과 동일하나 분량이 상이한 경우 역시 안정성시험자료 등 첨가제가 유효성분의 작용에 영향을 미치지 않음을 입증하는 자료를 제출한다.

- 위 4가지 이외의 첨가제 종류가 기허가·신고사항과 상이한 경우, 생물학적동등성시험자료 또는 비교임상시험성적에 관한 자료를 제출한다. 다만, 첨가제의 종류는 기허가·신고 사항과 동일하나 분량이 상이한 경우는, 첨가제 신청 분량에 대해 의약품의 품목허가·신고·심사규정 제2조제7호 및 제4조제4항에 따른 공정서 및 의약품집 또는 국내 기허가·신고사항 등 객관적인 근거자료[4]가 있다면 이화학적동등성시험자료 및 안정성시험자료로 검토한다.

- 단, pH조절제는 기허가 사항과 다른 경우 개별검토한다. 다만, 이미 허가·신고된 바 있는 주사제에 사용된 pH 조절제에 한하여 첨부문서 등을 통해 그 첨가제의 종류가 이미 허가·신고된 의약품과 같다는 것을 입증하는 경우, 기허가·신고사항과 다를 수 있으며 이러한 경우 유효성분의 작용에 영향을 미치지 않음을 입증하는 자료를 제출한다.

---

4) 의약품의 품목허가·신고·심사규정 제2조제7호 및 제4조제4항에 따른 공정서 및 의약품집 또는 국내 기허가사항 등 첨가제 신청 분량에 대한 근거자료

표 3-14 | 주사제의 첨가제 변경에 따른 안정성 시험 자료 요건

첨가제 변경 수준		자료 요건	
		'89년 이후 신약 제네릭	그 외 제네릭
종류·분량 동일		이화학적동등성 시험 자료 (이하 '이동')	단순 신고(변경)
① 보존제 ② 완충제 ③ 항산화제 ④ pH 조절제	종류 상이	이동 + 가속 6개월	좌동
	종류 동일, 분량 상이	이동 + 가속 6개월	좌동
상기 4가지 외	종류 상이	비교임상 또는 생동	좌동
	종류 동일, 분량 상이	비교임상 또는 생동 (단, 객관적 근거*가 있는 경우, 이동 + 가속 6개월)	좌동

◉ **점안제·점이제**

① 보존제, 완충제, 등장화제, 점도조절제를 제외한 모든 원료약품의 종류가 기허가 사항과 동일한가?

• 보존제, 완충제, 등장화제, 점도조절제의 종류가 기허가·신고사항과 상이한 경우 안정성시험자료(예: 6개월 이상의 가속시험) 등 첨가제가 유효성분의 작용에 영향을 미치지 않음을 입증하는 자료를 제출한다. 또한 종류는 기허가·신고 사항과 동일하나 분량이 상이한 경우 역시 안정성시험자료 등 첨가제가 유효성분의 작용에 영향을 미치지 않음을 입증하는 자료를 제출한다.

• 위 4가지 이외의 첨가제 종류가 기허가·신고사항과 상이한 경우, 생물학적동등성시험자료 또는 비교임상시험성적에 관한 자료를 제출한다. 다만, 첨가제의 종류는 기허가·신고 사항과 동일하나 분량이 상이한 경우는, 첨가제 신청 분량에 대해 의약품의 품목허가·신고·심사규정 제2조제7호 및 제4조제4항에 따른 공정서 및 의약품집 또는 국내 기허가·신고사항 등 객관적인 근거자료가 있다면 이화학적동등성시험자료 및 안정성시험자료로 검토한다.

• 단, pH조절제는 기허가 사항과 다른 경우 개별 검토한다.

표 3-15 | 점안제·점이제의 첨가제 변경에 따른 안정성 시험 자료 요건

첨가제 변경 수준		자료 요건	
		'89년 이후 신약 제네릭	그 외 제네릭
종류·분량 동일		이화학적동등성 시험 자료 (이하 '이동')	단순 신고(변경)
① 보존제 ② 완충제 ③ 등장화제 ④ 점도조절제	종류 상이	이동 + 가속 6개월	좌동
	종류 동일, 분량 상이	이동 + 가속 6개월	좌동
상기 4가지 외	종류 상이	비교임상 또는 생동	좌동
	종류 동일, 분량 상이	비교임상 또는 생동 (단, 객관적 근거*가 있는 경우, 이동 + 가속 6개월)	좌동

액제

• 시럽제, 엘릭서제, 틴크제 등 경구용 액제(유제 및 현탁제 등은 제외) 또는 외용 액제로서 유효성분의 종류 및 농도가 기허가·신고사항과 동일한가?
• 첨가제가 유효성분의 흡수에 영향을 미치지 않는 제제인가?

폐에 적용하는 흡입제

① 이화학적동등성시험자료 이외, 생체외 시험자료로서 다음의 자료를 만족하는가?
• 대조약과 시험약의 약제학적 투여형태, 흡입기구를 통해 흡입되는 양, 흡입기구의 취급방법, 흡입기구의 기류에 대한 동일한 저항성, 목표전달량 등 비교시험을 통해 약물이 폐에 도달하는 정도가 유사하는가?

표 3-16 | 흡입제의 이화학적동등성 판정 기준

1) 제품이 동일한 주성분을 함유하는 경우   (동일한 염, 에스테르, 수화물, 용매화합물 등)
2) 약제학적 투여형태가 동일한 경우   (MDI, 비가압식 MDI, DPI 등)
3) 주성분이 고체상태인 경우(분말, 현탁액); 결정구조 및/또는 다형형태의 차이가 제품의 용해   특성이나 성능, 에어로솔 입자 거동 특성에 영향을 미치지 않음
4) 첨가제의 질적 및/또는 양적 차이가 제품의 효능(전달되는 약물의 균일성)과 에어로솔 입자   의 거동특성에 영향을 미치지 않는 경우 또는 환자의 흡입행위에 영향을 미치지 않는 경우
5) 첨가제의 질적 및/또는 양적 차이가 안전성 프로파일을 변화시키지 않는 경우
6) 흡입기구를 통해 흡입되는 양이 유사한 경우(±15%이내)
7) 흡입기구의 취급방법이 시험약과 대조약 간에 유사한 경우
8) 흡입기구가 기류에 대해 동일한 저항성을 가짐(±15%이내)
9) 목표전달량이 유사함(±15%이내)

※ 근거 : 유럽가이드라인(2009)

06 GMP자료 심사

1) 일반원칙

- 의약품 제조업자는 「의약품 등의 안전에 관한 규칙」 제48조제5호에 따라 제조
  업 허가를 받은 제조소에서 제조하고자 허가·신고·등록을 신청한 품목에 해당하
  는 제형군(완제의약품)·제조방법(원료의약품)에 대하여 사전 GMP 실시상황 평
  가신청을 하여 GMP 적합판정서를 발급받은 후 시판용 의약품을 제조·판매하여

야 함.

• 또한, 제조업 허가를 받은 제조소의 소재지를 변경(제조소 소재지 추가 또는 이전)하거나, 제조업 허가를 받은 제조소 소재지 내에서 무균제제 등[「의약품 등의 제조업 및 수입자의 시설기준령 시행규칙」 제2조 제1항 제1호의 무균제제 및 같은 규칙 제7조제2호의 기준을 따라야 하는 작업소(「의약품 등의 제조업 및 수입자의 시설기준령」 제3조제1항제1호에 따른 작업소를 말한다. 이하 같다.)에서 제조되는 무균제제 원료의약품을 말한다. 이하 같다.]의 작업소를 신축·재축·증축·개축 및 그 밖에 공기조화장치의 교체 등 식품의약품안전처장이 정하는 중요한 사항을 변경한 경우에도 시판용 의약품을 제조하기 전에 상기와 같이 사전 GMP 실시상황 평가신청을 하여 GMP 적합판정서를 발급받아야 함.

• 다만, 제조업 허가를 받은 제조소 소재지 내에서 비무균제제 및 비무균제제 원료의약품(이하 '비무균제제등'이라 함)의 작업소를 신축·재축·증축·개축 등 중요한 변경을 한 경우 사전 GMP 평가를 신청하여 GMP 적합판정서를 발급 받는 것이 권장사항이며, 사전 GMP 실시상황 평가신청을 하여 GMP 적합판정서를 발급 받지 않은 경우 정기/수시 약사감시 시 집중점검을 실시할 수 있음.

• 제조업 허가를 받은 제조소 소재지 내 작업소의 중요한 변경에 대해서는 「의약품 등의 안전에 관한 규칙」 [별표 1] (의약품 제조 및 품질관리기준) '12. 변경관리'의 기준에 따라 변경관리를 시행하고 문서화하여야 함. 특히 이 지침의 [붙임 1](GMP 정기평가 대상 변경관리 예시)에 해당하는 경우 GMP 정기평가 시 해당 변경에 대한 평가를 실시할 수 있음.

2) 평가기관 등(각 지방식품의약품안전청장)

● 평가주관부서

제조소의 GMP 실시상황 평가를 주관하는 관할 6개 지방청의 의약품안전관리

과(서울청), 의료제품실사과(경인청, 대전청), 의료제품안전과(부산청, 대구청, 광
주청)

● 평가지원부서

제조소의 GMP 실시상황 평가를 지원하는 6개 지방청의 의약품안전관리과(서울
청), 의료제품실사과(경인청, 대전청), 의료제품안전과(경인청, 대전청, 부산청, 대구
청, 광주청)

● 적합판정서 발급부서

제조소의 GMP 적합판정서 발급 및 발급대장 등록을 주관하는 관할 6개 지방청의
의약품안전관리과(서울청), 의료제품안전과(경인청, 부산청, 대전청, 대구청, 광주청)

3) 평가대상 등

● 사전 GMP 평가 의무대상(원칙적 현장실사)

• 신규 제조소
• 허가받은 제조소의 소재지 변경(소재지 추가 또는 이전)
• 허가받은 제조소의 소재지(지번) 내 무균제제등 작업소의 중요한 변경
　가) 작업소의 신축·재축·증축·개축
　나) 공기조화장치의 변경 : 공기조화장치의 설치, 급·배기구의 위치가 변경되는
　　공기조화장치의 교체. 다만, 의약품이 직접 노출되고 무균조작 공정이 수행
　　되는 작업실(예 : 무균원료 칭량실, 충전실, 타전실 등) 및 최종멸균을 거치
　　는 의약품의 충전공정이 수행되는 작업실의 청정도에 영향을 미치는 공기
　　조화장치에 한함.
　＊ 정해진 기준에 따른 일반적인 유지관리에 해당하는 변경사항(단순 필터교체
　　등)은 제외

◉ **사전 GMP 평가 권장대상(행정지도)**

• 허가받은 제조소의 소재지(지번) 내 비무균제제 및 비무균 원료의약품 작업소의 신축·재축·증축·개축

• 허가받은 제조소의 소재지(지번) 내 무균제제 및 무균제제 원료의약품의 작업실의 구조 변경(구획 등), 청정도 상향 및 제조시설·설비·기계의 설치·교체[*]·용도변경[**]. 다만, 의약품이 직접 노출되고 무균조작 공정이 수행 되는 작업실(예 : 무균원료 칭량실, 충전실, 타전실 등) 및 최종멸균을 거치는 의약품의 충전공정이 수행되는 작업실에 한함.

　* 정해진 기준에 따른 일반적인 유지관리에 해당하는 변경사항(단순 부품교체 등)은 제외

　** (용도변경 예시) 허가받은 제제와 유사한 제제(충전용기의 종류를 포함)를 제조하지 않는 기존의 다른 무균조작시설·설비 또는 무균조작지역에서 제조 (예 : 바이알 동결건조제제를 프리필드 동결건조제제 작업실 및 제조시설·설비·기계에서 제조)

◉ **제조업자 준수사항으로 사후 GMP 평가대상**

○ 기타 작업소의 변경

　⇒ (제조업체 조치 사항) 변경관리, 관련 문서 개정 등 후속조치 실행

　　(사후관리 부서) [붙임 1]의 경우 GMP 정기평가 시 해당 제조소 중점관리

　※ 사후관리부서 : 각 지방청(의약품안전관리과, 의료제품안전과)

◉ **평가절차**

❶ 평가 흐름도

가. 평가흐름도

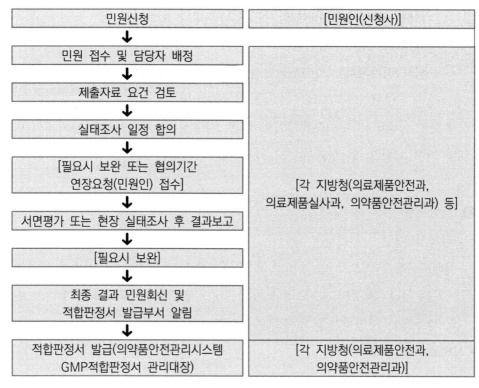

그림 3-3 | GMP 평가 흐름도

❷ 제출자료 및 평가기간

• 법정 구비서류(제출자료)

　가) 신규 제조소, 허가받은 제조소의 소재지 변경['4.3. 가. 2)' 및 '4.3. 가. 3)'
　　에 해당] :

　　- (완제) 총리령 [별지 제81호 서식] 및 동 서식 가목 해당자료

　　- (원료) 총리령 [별지 제82호 서식] 및 동 서식 가목 해당자료

　나) 허가받은 제조소 소재지(지번) 내 작업소의 중요한 변경['4.3. 가. 3)에 해
　　당] :

　　- (완제) 총리령 [별지 제81호 서식] 및 동 서식 나목 해당자료

　　- (원료) 총리령 [별지 제82호 서식] 및 동 서식 나목 해당자료

• 제출자료(서류) 상세요건 : 이 지침 [붙임 2]에서 별도 정한 사항을 제외하고 다
　음 공무원 지침서를 준용함.

가) (의약품) '의약품등 품목별 사전 GMP 평가 운영지침' 및 '의약품 품목별 사전 GMP 업무수행편람'

나) (생물학적제제등) '바이오의약품 허가신청 시 GMP 평가 지침'

• 평가기간 : 완제의약품(90일), 원료의약품(60일)

  - 제조소 소재지 내 공기조화장치의 변경, 작업실 및 제조시설·설비·기계의 변경에 관한 사항은 우선(신속)심사 대상으로 선정하여 처리함

❸ 실태조사

• 실태조사 대상

  - 실태조사를 원칙으로 함. 다만, 허가받은 제조소 소재지 내 최종멸균 공정을 거치는 무균제제등의 공기조화장치의 변경, 작업실 및 제조시설· 설비의 변경의 경우에는 서면평가를 실시할 수 있음.

• 실태조사팀 구성

  - 인원 : 2~5인 1조

• 구성 : GMP 조사관 주실사자(Junior) 및 부실사자(Beginner)

  - 실사자 중 Senior/Junior 등의 구분은 전문성과 숙련도(국내외 GMP 실사 경력) 등을 평가하여 연 1~2회 주기적으로 의약품품질과에서 지정

  - 원료의약품 제조소는 「약사법」 제78조제1항에 따른 약사감시원 자격을 가진 GMP 조사관으로만 실사팀 구성

• 실태조사 기간

  - 신청인과 협의하여 실태조사 일정 결정

표 3-17 | GMP 조사관 1인 기준 실사 기간

구분		신규제조소, 제조소 소재지 변경		제조소 소재지 내 변경	
		M/D[1]	비고[2]	M/D[1]	비고
무균제제	무균조작	12	≧ 10	8	≧ 6
	최종멸균	9	≧ 8	8	≧ 6
비무균제제	-	6	≧ 4	6	≧ 4

1) M/D(Man/Day) : 1인 기준 실사 기간[예 M/D 12; 1인 시 12일, 2인 시 6일]
　※ 동 기준은 1개 품목을 기준으로 하는 것으로써 2개 품목 이상인 경우 관할부서와 협의 하에 M/D를 상향
　　조정할 수 있음
2) 비고 : 최소 1인 기준 실사기간
　· 근거 「Procedures Related to GMP Inspections - A Model For Risk Based Planning for
　　Inspections of Pharmaceutical Manufacturers」(EU EMA/INS/GMP/321252/2012)

• 실태조사 실시 : 실태조사 수행절차, 평가기준 및 보고서 작성은 이 지침에서
　별도 정한 사항을 제외하고 다음 공무원 지침서를 준용함.
　가) (의약품) '의약품등 품목별 사전 GMP 평가 운영지침' 및 '의약품 품목별
　　사전 GMP 업무수행편람'
　나) (생물학적제제등) '바이오의약품 허가신청 시 GMP 평가 지침'
• 결과처리
　가) 보완사항이 있는 경우 민원인에게 보완사항 통지
　나) 실태조사 결과(보완자료 포함)를 종합검토하여 보완검토서 작성
　다) 민원인에게 최종결과 통지 및 적합판정서 발급부서에 알림
　라) GMP 적합판정서 발급은 다음 사항을 제외하고 '의약품 GMP 적합판정 및
　　적합판정서 발급 관련 업무처리방안(공무원 지침서)'을 준용함
　　* 제조소 소재지 내 작업소 변경 관련 적합판정서 발급 시 '비고'란에 실사
　　종료일과 해당 '(제형군, 소재지 내 변경)' 병기
　　* (예시) 실사종료일 : 2016. 07. 03.(주사제, 소재지 내 변경)

◎ **평가사례**

(사례1) 신규 보관소 소재지를 제조소 소재지에 추가하는 경우 사전 GMP 평가대
　　　　상 여부

□ (처리방안) 사전 GMP 평가대상은 아니며(적합판정서 기재대상 아님) 제조업
　　허가변경 민원절차에 따라 시설조사를 실시함. 제조업자의 GMP 기준에 따른
　　보관소 관리 준수여부와 관련하여 약사감시 등 지도·단속 시 해당 제조소를 중
　　점관리함.

(사례2) 신규 시험실 소재지를 제조소 소재지에 추가하는 경우 사전 GMP 평가대
　　　　상 여부

□ (처리방안) 제조업자의 GMP 기준에 따른 시험실 관리 준수여부에 대해 사전
　　GMP 평가를 받아야 함(적합판정서 기재대상). 제조소 소재지 내 작업소 변경
　　관련 적합판정서 발급 시 '비고'란에 실사종료일과 해당 '(시험실 소재지 추
　　가)' 병기

　　　예시　실사종료일 : 2016. 07. 03.(시험실 소재지 추가)

표 3-18 | GMP 제출자료(서류) 요건

연번	제출서류(서류) 항목	① 신규제조소/ 제조소 소재지 변경	② 제조소 소재지 내 변경	
			②-1 신축증축개축재축	②-2 공기조화장치
1	제조소 평면도			
	- 각 작업소, 시험실, 보관소 및 기타 제조 공정에 필요한 부대시설이 표시된 제조소 평면도			
	○ 각 작업소 : 작업실 명칭, 번호 등	○	△	△
	○ 시험실 : 이화학, 미생물, 동물실 등	○	△	△
	○ 보관소 : 방충·방서 시설 등	○	△	×
	○ 기타 제조공정에 필요한 부대시설 : 공조시설, 용수시설, 압축공기 등	○	△	△
2	신청품목^{주1)}과 관련된 작업소 시설 관련 자료			
	가. 청정등급, 작업실 간의 차압 및 인적·물적 동선이 표시된 작업소 평면도			
	○ 청정도 관리가 필요한 작업소에 대한 청정 등급	○	△	△
	○ 청정등급이 표시된 작업실에 대한 차압방향 및 차압기준, 차압계 설치 내역	○	△	△
	○ 인동선(입실 및 퇴실 포함) 및 물동선(입고, 출고 및 폐기) 방향	○	△	△
	○ 청정도 관리가 필요한 시험실에 대한 청정 등급 및 정정 등급 지역에 대한 차압방향 및 차압기준, 차압계 설치 내역	○	△	×
	나. 제조·시험에 사용되는 기계·설비			
	○ 신청품목 제조(칭량부터 최종 포장까지)에 사용되는 주요 설비^{주2)}(중요공정의 설비 등)에 대한 목록(관리번호, 기계명, 전용 사용 여부 등) 및 배치도(평면도상 해당 작업실 표시 또는 이에 준하는 자료)	○	△	△
	○ 신청품목 시험(원·자재, 반제품, 안정성 시험 치 완제품시험 등)에 사용되는 주요 설비에 대한 목록(관리번호, 기계명, 해당 시험 항목) 및 배치도(평면도상 해당 작업실 표시 또는 이에 준하는 자료)	○	△	△
	○ 제조에 사용되는 생물안전작업대(Bo Safety Cabinet)에 대한 목록 및 배치도와 사람혈액(또는 혈장)·포자형성균·결핵균·폴리오병원체를 취급하기 위한 제조시설의 전용 관리 SOP 포함 〈생물학적제제등에 한함〉	○	△	△
	○ 시험에 사용되는 생물안전작업대(Bo Safety Cabinet)에 대한 목록 및 배치도와 사람혈액(또는 혈장)·포자형성균·결핵균·폴리오병원체를 취급하기 위한 제조시설의 전용 관리 SOP 포함 〈생물학적제제등에 한함〉	○	△	△
	다. 공조시설, 압축공기 및 용수 처리 계통도			
	○ 공조시설 계통도 - 공조기의 구조(필터 종류 및 배치 순서 등) 및 분배, 순환 등을 명시	○	△	△
	○ 압축공기 계통도 - 의약품과 직접 접촉하거나 이와 동등한 시설(의약품과 접촉하는 기계내의 세척 등에 사용)이 있는 경우에 한하여 제출 - 여과 순서, 필터 종류, 사용점 등 포함	○	△	×
	○ 용수처리 계통도 - 전처리 시설부터 최종 사용점까지 용수 제조장치의 구조, 저장, 분배 및 순환과정 등을 명시	○	△	×
3	신청품목과 관련된 시설 및 환경관리 관련 자료			

연변	제출서류(서류) 항목	① 신규제조소/ 제조소 소재지 변경	② 제조소 소재지 내 변경	
			②-1 신축증축개축재축	②-2 공기조화장치
	가. 제조용수 관리현황			
	○ 제조 용수 관리 기준서(SOP)	○	△	×
	○ 신청품목 용수 규격과 관련된 사용점에서 용수 규격이 유지됨을 입증할 수 있는 용수품질모니터링 자료 또는 이에 준하는 자료	○	△	×
	○ 용수시험 결과 부적합이 있는 경우 그 처리 기준 및 조지결과 등	○	△	×
	나. 자동화장치 등 관리현황			
	○ 신청품목과 관련된 자동화장치(컴퓨터화시스템 등 포함) 목록, 관리기준서(SOP, 교정 및 성능 점검에 관한 자료(유지·보수 포함)	○	△	△
	다. 청정도 관리현황			
	○ 청정도 관리 기준서(SOP) - 온·습도, 차압, 부유미립자, 미생물모니터링 등 관리 내용 포함	○	△	△
	○ 신청품목 작업실의 청정등급이 유지됨을 입증할 수 있는 환경모니터링 평가 자료 또는 이에 준하는 자료	○	△	△
	○ 신청품목 시험실의 청정등급이 유지됨을 입증할 수 있는 환경모니터링 평가 자료 또는 이에 준하는 자료	○	△	△
	○ 청정도 시험 결과 부적합이 있는 경우 그 처리기준 및 조치결과 등	○	△	△
4	**GMP 조직도 및 품질(보증)관리체계 관련 자료**			
	○ 당해 제조소 GMP 조직도, 제조관리책임자 및 품질(보증)관리 책임자의 권한과 책임에 관한 문서(예: 직무기술서 등)	○	△	△
	○ 변경거리 기준 서 및 운영실적	○	△	△
	○ 일탈관리 기준서 및 운영 실적(신청품목 관련 자료)	○	△	△
	○ 기준일탈관리 기준서 및 운영 실적(신청품목 관련 자료)	○	△	△
	○ 원자재(주성분, 첨가제, 1차 포장자재) 제조업자 평가 기준 및 운영실적(신청 품목 관련 자료)	○	△	×
	○ 원자재 및 완제품 관리(입고, 보관, 출고) 기준서	○	△	×
	○ 제품품질평가 기준서 및 운영 실적(신청품목 관련 자료)	○	△	△
	○ 안정성시험 관련 기준서, 계획서(신청품목 관련 자료) - 동일재질이면서 포장단위만 다른 정제의 경우, 포장단위 별로 각각의 안정성 시험 계획서를 제출할 필요 없음 · 포장재질 예시 : 병(HDPE, LDPE, PP 등), PTP(알루미늄 등)	○	△	△
	○ 제조·시험의 위·수탁에 관한 자료 - 위·수탁 계약범위, 수탁업체 평가 자료 등 계약 내용과 수탁업체 관리에 관한 사항을 확인할 수 있는 자료	○	△	△
	○ 교육 및 훈련에 관한 기준서 및 연간교육 계획서 - 생물학적제제등의 경우, 해당 작업원에 대한 생물위해 교육훈련 내용 포함	○	△	△
	○ 반품, 불만처리 및 제품회수 기준서와 운영실적(신청품목 관련 자료)	○	×	×
	○ 재가공 및 재포장 관련 기준서 및 운영실적(신청품목 관련 자료)	○	△	△
	○ 보관소 관리(온·습도, 방충·방서 등) 기준서	○	△	×
	○ 작업원 위생관리(갱의, 수세 등) 기준서	○	△	△
	○ 작업소 및 제조설비(청소, 소독, 작동) 기준서(신청품목 관련 자료)	○	△	△
5	**문서관리규정 및 문서목록**			
	○ 문서관리규정 및 문서(기준서 등) 목록 (최근 개정일자 포함)	○	△	△

연번	제출서류(서류) 항목	① 신규제조소/제조소 소재지 변경	② 제조소 소재지 내 변경	
			②-1 신축증축개축재축	②-2 공기조화장치
6	신청품목과 관련된 제품표준서 및 제조·품질 관리기록서 사본			
	○ 신청품목 제품표준서 - 제조에 사용하는 동물 및 생물원료 또는 시드로트 및 세포은행의 관리 관련 SOP 포함(해당하는 경우)	○	○	○
	○ 품질관리기준서 등 시험항목 및 시험기준을 확인할 수 있는 자료	○	○	○
	○ 신청품목별로 3개 제조단위 이상 GMP기준을 적용한 실적 - 제조기록서 사본 - 기초자료를 포함한 완제품 및 원자재 품질관리기록서 사본 · 주성분(원료의약품의 경우 출발물질) 및 완제품의 경우 기초자료를 포함, 첨가제 및 직접자재의 경우 시험성적서만 제출 가능 ** 희귀의약품, 퇴장방지의약품의 경우, 1개 제조단위 GMP 기준 적용실적 제출가능	○	○	○
7	신청품목과 관련된 밸리데이션자료			
	○ 중요 설비·기계[주2] 적격성평가 계획서 및 결과보고서(요약본) · 운전 및 성능적격성평가에 관한 자료 제출을 원칙으로 함	○	△	△
	○ 중요공정[주2] 예측적 밸리데이션 계획서 및 결과보고서(요약본) * 희귀의약품, 퇴장방지의약품의 경우 동시적 밸리데이션 계획서 및 1개 제조단위 이상 동시적 배리데이션 중간결과보고서 제출 가능. ** 무균조작제제(최종멸균제제 제외)의 경우 연속 3회 무균공정 모의시험자료 포함	○	○	○
	○ 세척 밸리데이션 계획서 및 결과보고서(요약본)	○	○	×
	○ 시험방법 밸리데이션 계획서 및 결과보고서(요약본)	○	△	×
	○ 제조지원설비 밸리데이션 계획서 및 결과보고서(요약본)	○	△	△
	○ 컴퓨터화시스템 밸리데이션 계획서 및 결과보고서(요약본)	○	△	△
8	그 밖의 참고자료			
	○ GMP 평가신청 사항 요약 - 허가이후 변경사항은 변경대비표 요약 제출	○	○	○
	○ GMP 적합판정서(원본)(해당하는 경우)	○	○	○
	○ 제조소 총람(신청 당시 유효한 문서)	○	○	○
	○ 최근 3년간 우리처의 GMP 실사이력에 관한 자료	○	○	○
	○ 기타 참고자료(필요한 경우 제출)	○	○	○

○ : 제출

△ : 변경사항이 있거나 소재지 내 변경사항과 관련이 있는 자료 제출(변경대비표 요약본 제출)

× : 제출 불필요

[주1] 신청품목 :

① 신규제조소 및 제조소 소재지 변경의 경우 : 제형군별(완제의약품) 또는 종류별(생물학적제제 등) 또는 제조방법별(원료의약품)로 전년도 생산실적이 가장 많은 의약품(세척밸리데이션이 가능한 주성분이 있는 제품으로 함)으로 1개 이상

② 제조소 소재지 내 작업소의 변경의 경우 : 제형군별(완제의약품) 또는 종류별(생물학적제제등) 또는 제조방법별(원료의약품)로 제조소 변경 이후 제조한 무균의약품(세척밸리데이션이 가능한 주성분이 있는 제품으로 함)으로 1개 이상

[주2] 중요 설비·기계, 주요공정 : '품목별 사전 GMP 평가지침'의 '[참고자료 3] 중요기계 및 중요 제조공정 예시' 를 참고할 수 있음

07 → 동등생물의약품(바이오시밀러) 품목허가

1) 일반적 고려사항

동등생물의약품은 이미 제조판매·수입품목 허가를 받은 품목(대조약)과 품질 및 비임상 임상적 비교동등성이 입증된 생물의약품을 말한다.

일반적으로 생물의약품은 일반적으로 분자량이 크고 매우 복잡한 구조를 가진 단백질이므로 그 구조와 활성은 세포주의 종류와 제조 방법 변경에 매우 민감하며, 동일한 제조자가 동일한 제품을 제조할 때도 제조방법이 변경된다면 동일한 제품이 생산된다는 것을 보장할 수 없다. 따라서 기존의 제네릭 합성의약품에 대해 확립되어 있는 허가절차나 평가방법을 생물의약품에 그대로 적용하는 것은 적절하지 않고, 품질, 안전성, 유효성 전반에서 동등성을 입증하는 것이 필요하다.

동등생물의약품의 개발은 대조약과 품질의 특성이 동등하다는 것을 전제로 비임상시험과 임상시험의 일부 시험항목을 수행하여 동등성을 입증하는 순차적인 과정을 통해 이루어지며 비임상시험 및 임상시험의 종류 및 정도는 품질 특성 평가에서 얻어진 증명의 수준에 따라 달라진다. 따라서 개발 초기 단계부터 대조약과의 충분한 품질(특성분석, 구조·물리화학적 성질 및 생물학적 성질) 비교 분석시험이 권장되며 최신의 기술을 이용한 분석결과의 일관성이 확인되어야 한다.

동등생물의약품의 평가는 다른 생물의약품과 같이 동등생물의약품 그 자체에 대한 품질, 비임상시험, 임상시험 결과를 근거로 평가되며 신약과 비교하여 허가 신청 시 제출자료가 적을 것으로 기대되지만 이는 품질 평가가 충분히 이루어져 동등하다고 판단될 때 가능하고 기 허가된 대조약의 특성에 따라 평가항목이 달라질 수 있다.

동등생물의약품과 대조약의 차이가 관찰될 경우에는 안전성과 유효성 측면에서 미칠 영향에 대해 고찰하고 그 타당성을 증명해야 한다. 안전성과 관련된 개선(예. 개선된 순도, 면역원성 등)으로 인한 차이는 동등성 측면에서 인정 가능하나, 차이에 대한 타당한 설명이 있어야 한다. 또한 동등생물의약품은 대조약과 용법 및 용량이 동일하여야 하며 원료약품 및 그 분량이 달라질 경우 이에 대한 타당성을 증명하여야 한다.

의도적으로 유효성을 개선한 경우에는 동등생물의약품으로 개발하는 것이 적절하지 않다.

동등생물의약품의 주요한 특징은 대조약의 적응증 외삽으로 대조약과 동등하다는 전제하에 대조약의 허가된 모든 임상 적응증에 대하여 임상시험을 수행하지 않아도 대조약의 적응증 인정이 가능하다는 것이다.

2) 제출자료

표 3-19 | 동등생물의약품 품목허가 시 제출자료

구분 \ 자료번호	1	2														
		가								나						
		(1)	(2)	(3)	(4)	(5)	(6)	(7)	(8)	(1)	(2)	(3)	(4)	(5)	(6)	(7)
8. 동등생물의약품 (유전자재조합의약품)	○	○	○	○	○	○	○	○	○	○	○	○	○	○	○	○

1. 기원 또는 발견 및 개발경위에 관한 자료
2. 구조결정, 물리화학적 성질에 관한 자료(품질에 관한 자료)
  가. 원료의약품에 관한 자료
   (1) 구조 또는 구성성분 등에 관한 자료
   (2) 물리화학적·생물학적 성질에 관한 자료
   (3) 제조방법에 관한 자료(제조 중에 사용되는 물질에 대한 자료 포함)
   (4) 기준 및 시험방법
   (5) 기준 및 시험방법에 관한 근거자료
   (6) 시험성적에 관한 자료
   (7) 표준품의 규격, 관리방법 및 설정근거에 관한 자료
   (8) 용기 및 포장에 관한 자료
  나. 완제의약품에 관한 자료
   (1) 원료약품 및 그 분량에 관한 자료
   (2) 제조방법에 관한 자료

   (3) 기준 및 시험방법
   (4) 기준 및 시험방법에 관한 근거자료
   (5) 시험성적에 관한 자료
   (6) 표준품의 규격, 관리방법 및 설정근거에 관한 자료
   (7) 용기 및 포장에 관한 자료

3. 안전성에 관한 자료
  가. 원료의약품에 관한 자료
   (1) 장기보존시험
   (2) 가속시험자료
   (3) 가혹시험자료
  나. 완제의약품에 관한 자료
   (1) 장기보존시험
   (2) 가속시험자료
   (3) 가혹시험자료

구분 \ 자료번호	3						4						5				6		7	8
	가			나			가	나	다	라	마	바	가	나	다	라	가	나		
	(1)	(2)	(3)	(1)	(2)	(3)														
8. 동등생물의약품 (유전자재조합의약품)	○	△	△	○	△	△	×	△	×	×	×	×	○	×	△	×	○	×	○	○

4. 독성에 관한 자료
 가. 단회투여독성시험자료
 나. 반복투여독성시험자료
 다. 유전독성시험자료
 라. 발암성시험자료
 마. 생식발생독성시험자료
 바. 기타 독성시험자료
 (1) 항원성시험
 (2) 면역독성시험
 (3) 국소독성시험(국소내성시험 포함)
 (4) 의존성
 (5) 기타

5. 약리작용에 관한 자료
 가. 효력시험자료
 나. 안전성약리시험자료 또는 일반약리시험자료
 다. 흡수, 분포, 대사 및 배설시험자료

6. 임상시험성적에 관한 자료
 가. 임상시험자료집
 나. 가교자료

7. 국내·외에서의 사용 및 허가 현황 등에 관한 자료
8. 기타 해당 의약품의 특성에 관한 자료

08 ▶ 의약품 허가-특허 연계제도

　　의약품허가-특허연계제도는 신약의 안전성·유효성 자료에 의존한 의약품의 품목허가절차에서 신약에 관한 특허권 침해 여부를 고려하는 단계를 둠으로써, 신약의 안전성·유효성 자료 이용을 확대하면서도 그에 관한 특허권을 보다 적극적으로 보호하려는 취지하에 도입되었다. 동 제도는 1984년에 미국 Hatch-Waxman법에 의하여 최초로 법제화 되었으며, 이후 캐나다, 호주 등에 유사한 제도가 도입되었다. 우리나라는 미국과의 자유무역협정(FTA)을 계기로 동 제도를 도입하게 되었다.

■ 의약품의 특허목록 등재

■ 허가신청사실 통지/판매금지

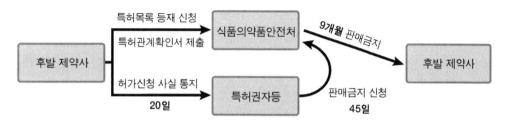

■ 허가신청사실 통지/판매금지

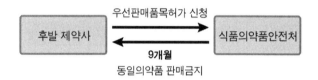

그림 3-4 | 한국의 의약품 허가-특허 연계제도 개요

2015. 3. 15. 시행된 개정 약사법(법률 제13219호)의 의약품허가-특허연계제도는 위의 그림에 나타나듯 크게 1) 의약품의 특허목록등재 2) 허가신청사실의 통지 3) 판매금지 4) 우선판매품목허가의 4가지 절차로 이루어져 있다.

이 중 1) 의약품의 특허목록등재 2) 허가신청사실의 통지는 한-미 FTA 협정문 제18.9조 제5항 가호에 규정을 반영한 것이고, 3) 판매금지는 나호의 규정을 반영한 것이다. 4) 우선판매품목허가의 경우에 한-미 FTA에서 요구하고 있는 사항은 아니다. 미국의 의약품허가-특허연계제도는 특허권에 대한 보호뿐만 아니라 후발의약품에 대한 약식 허가 절차인 ANDA를 도입함으로써 후발의약품의 시장진입을 촉진하는 목적을 균형적으로 고려하였던 것인데 반해, 한-미 FTA 협정문에서 요구되는 조치들은 후발의약품에 대한 보상 부분은 포함하고 있지 않다. 우선판매품목허가는 소송에 따른 위험과 비용의 부담을 감수하고도 특허에 도전한 후발제약사에게 후발의약품의 시장진입을 촉진한 것에 대한 보상이 필요하다는 측면에서 도입되었다고 볼 수 있다.

① 의약품특허목록 등재

의약품 특허목록(이하, "특허목록"이라 한다)에의 등재는 의약품허가-특허연계제도 적용대상이 되는 특허를 결정하는 단계라는 점에서 의의를 가진다. 간단히 절차를 살펴보면, 의약품의 제조·판매 또는 수입 품목허가 또는 변경허가를 받은 자가 해당 의약품에 관한 특허권을 특허목록에 등재 받고자 하는 경우 특허권자 또는 전용실시권자의 동의를 받아 품목허가 또는 변경허가를 받은 날로부터 30일 이내에 식약처에 특허목록 등재를 신청해야 한다. 품목허가를 받은 날 이후 특허권이 등록된 경우에는 그 특허 등록일로부터 30일 이내에 신청할 수 있다.

식약처장은 등재 신청된 의약품특허권이 등재 대상 및 요건을 충족할 경우에 의약품의 명칭, 특허권자등의 인적사항, 특허번호, 특허존속기간 등을 특허목록에 등재하고 이를 인터넷 홈페이지(http://nedrug.mfds.go.kr)에 공개한다.

■ 의약품 등의 안전에 관한 규칙 [별지 제59호의2서식] 〈개정 2015.3.13.〉

의약품 특허목록 등재 신청서

(앞쪽)

접수번호	접수일	처리일	처리기간 45일

신청인에 관한 정보	대표자 성명
	제조(영업)소의 소재지

의약품에 관한 정보	제품명
	제조(영업)소의 명칭

특허권에 관한 정보	특허권자 성명	
	특허권자 소재지	
	특허번호	특허권 존속기간 만료일
	등재 신청 특허청구항(번호)	
	등재 신청 특허청구항(개수)	개

대리인에 관한 정보	성명
	소재지

「약사법」 제50조의2제1항 및 「의약품 등의 안전에 관한 규칙」 제62조의2제1항에 따라 위와 같이 의약품 특허목록에 등재를 신청합니다.

년　　　월　　　일

신청인　　　　　　　　　　　(서명 또는 인)
담당자 성명
담당자 전화번호

식품의약품안전처장　　　귀하

첨부서류	1. 특허등록원부 사본 2. 등록공고용 특허공보 사본 3. 「특허법」에 따른 특허권자 또는 전용실시권자의 동의서 4. 특허권자 또는 전용실시권자가 대리인을 선임하는 경우 그 위임장	수수료 식품의약품안전 처장이 고시한 금액

처리절차

신청서 작성 → 접 수 → 검 토 → 결 재 → 특허목록 등재
신청인　　　　　　　　식품의약품안전처

210mm× 297mm[백상지 80g/m²(재활용품)]

그림 3-5 | 의약품 특허목록 등재 신청서

② 품목허가 신청 사실 통지

품목허가신청사실 등의 통지는 한미 FTA에 따라 "특허존속기간 동안 시장에 진입하기 위하여 시판허가를 요청하는 자의 신원을 특허권자가 통보"받도록 하기 위함이다. 약사법 제50조의2에 따라 특허목록에 등재된 의약품의 안전성·유효성에 관한 자료를 근거로 품목허가를 신청하거나 효능·효과에 관한 변경허가를 신청한 후발제약사는 품목허가 등을 신청한 날로부터 20일 이내에 특허권등재자(등재 의약품의 품목허가를 받은 자)와 특허권자 또는 전용실시권자에게 품목허가 신청일, 품목허가 신청 사실, 등재 특허의 무효 또는 비침해 판단의 근거를 통지하여야 한다. 다만, 등재 특허권의 존속기간 만료, 등재 특허권의 존속기간 만료 후 판매를 위한 품목허가 신청, 특허권자 등이 통지하지 않는 것에 동의한 경우 등에는 신청사실을 통지하지 않아도 된다. 통지를 한 자는 통지한 사실을 증명할 수 있는 서류를 지체 없이 식약처장에게 제출하여야 한다.

■ 의약품 등의 안전에 관한 규칙 [별지 제59호의5서식] 〈신설 2015.3.13.〉

품 목 허 가 (변 경 허 가) 신 청 사 실　통 지 서
(　　[ ]특 허 권 등 재 자　　)
　　[ ]등 재 특 허 권 자

품목허가(변경허가) 신청 의약품	업체명	
	대표자	
	소재지	
	제품명	
	품목허가(변경허가) 신청일	

근거가 된 등재의약품	업체명	
	대표자	
	소재지	
	제품명	
	특허번호	
	특허권 존속기간	
	관련 특허청구항	

등재특허권이 무효이거나 해당 등재특허권을 침해하지 아니한다는 판단의 근거

「약사법」제50조의4 및 「의약품 등의 안전에 관한 규칙」제62조의4제1항에 따라 제조판매·수입 품목허가(변경허가) 신청 사실을 통지합니다.

　　　　　　　　　　　　　　　　　　　　　　　년　　　　　월　　　　　일

　　　　　　　　통지인　　　　　　　　　　　　　　　　　(서명 또는 인)
　　　　　　　　담당자 성명
　　　　　　　　담당자 전화번호

210mm× 297mm[백상지 80g/㎡(재활용품)]

그림 3-6 | 품목허가(변경허가) 신청사실 통지서

③ 판매금지

후발제약사가 특허목록에 등재된 의약품의 안전성·유효성 자료에 근거하여 품목허가를 신청한 경우, 등재의약품의 특허권자등은 통지를 받은 날로부터 45일 이내에 특허소송 등을 제기하고 식약처장에게 후발의약품에 대한 판매금지를 신청할 수 있다. 판매금지 신청을 받은 식약처장은 등재특허권의 무효 또는 통지의약품이 등재특허권의 권리범위에 속하지 않는다는 심결이나 판결 등이 있는 경우 등을 제외하고는 통지를 받은 날로부터 9개월간 해당 의약품의 판매를 금지시킨다. 그 외에 통지된 동일의약품 중 일부에 대하여만 판매금지 신청을 한 경우, 이미 품목허가를 받고 판매가 가능한 동일의약품이 있는 경우 등에도 판매금지가 되지 않는다.

■ 의약품 등의 안전에 관한 규칙 [별지 제59호의6서식] 〈신설 2015.3.13.〉

판매금지 신청서

(앞쪽)

접수번호		접수일		

신청인에 관한 정보	업체명		대표자 성명	
	소재지			
	쟁송 여부			
	통지의약품을 대상으로 등재특허권과 관련하여 해당되는 곳에 √ 표시 합니다. 1. 「특허법」 제126조에 따른 특허침해금지 또는 예방 청구의 소의 제기 　[ ] 2. 「특허법」 제135조에 따른 권리범위 확인심판의 청구 　[ ] 3. 「특허법」 제135조에 따른 권리범위 확인심판의 피청구 　[ ]			
	「약사법」 제50조의4에 따른 통지를 받은 날			
	신청사유			

등재의약품 및 등재특허권에 관한 정보	업체명	제품명
	주성분 및 그 함량	제형
	용법·용량	
	효능·효과	
	특허번호	특허권 존속기간 만료일
	특허권자 성명	특허청구항

판매금지 신청 의약품에 관한 정보	업체명	제품명
	주성분 및 그 함량	제형
	용법·용량	
	효능·효과	

「약사법」 제50조의5제1항 및 「의약품 등의 안전에 관한 규칙」 제62조의5제1항에 따라 위와 같이 의약품 판매금지를 신청합니다.

년　　　월　　　일

신청인　　　　　　　(서명 또는 인)
담당자 성명
담당자 전화번호

식품의약품안전처장　　　귀하

210mm× 297mm[백상지 80g/㎡(재활용품)]

그림 3-7 | 판매금지 신청서

④ 우선판매품목허가

등재특허에 대하여 가장 먼저 특허심판을 청구한 후, 가장 이른 날에 등재의약품의 안전성·유효성 자료에 근거하여 품목허가를 신청하고, 특허 도전에 성공하는 등 ① 품목허가 신청에 관한 요건, ② 특허심판청구에 관한 요건, ③ 특허심판에서 인용 심결 획득 요건 등을 만족하는 자는 우선판매품목허가를 받을 수 있다. 이 때 다른 후발제약사의 우선판매품목허가 의약품과 동일한 의약품 판매가 9개월간 금지될 수 있다.

■ 의약품 등의 안전에 관한 규칙 [별지 제59호의7서식] 〈신설 2015.3.13.〉

우선판매품목허가 신청서

※ [ ]에는 해당되는 곳에 √표를 합니다. (앞쪽)

접수번호		접수일		

신청인에 관한 정보	제조(영업)소의 명칭			
	대표자 성명			
	제조(영업)소의 소재지			

품목허가 신청 의약품	제품명		품목허가 신청일	
	주성분 및 그 함량		제형	
	용법·용량			
	효능·효과			

근거가 된 등재의약품	업체명		제품명	
	주성분 및 그 함량		제형	
	용법·용량			
	효능·효과			
	특허번호		특허권 존속기간 만료일	
	특허권자 성명		특허청구항	

심판에 관한 정보	심판/소송 종류	심판 청구 (소 제기)일	심판(사 건)번호	심판(소송) 대상 등재 특허번호	심결(판결)일
	소극적 권리범위 확인심판 [ ]				
	무효심판 [ ]				
	존속기간연장등록의 무효심판 [ ]				
	심결 취소의 소 [ ]				
	상고 소송 [ ]				

「약사법」 제50조의7제1항 및 「의약품 등의 안전에 관한 규칙」 제62조의7제1항에 따라 위와 같이 의약품 우선판매품목허가를 신청합니다.

년 월 일

신청인 (서명 또는 인)

담당자 성명

담당자 전화번호

식품의약품안전처장 귀하

210mm× 297mm[백상지 80g/㎡(재활용품)]

그림 3-8 | 우선판매품목허가 신청서

시판 후 안전 관리

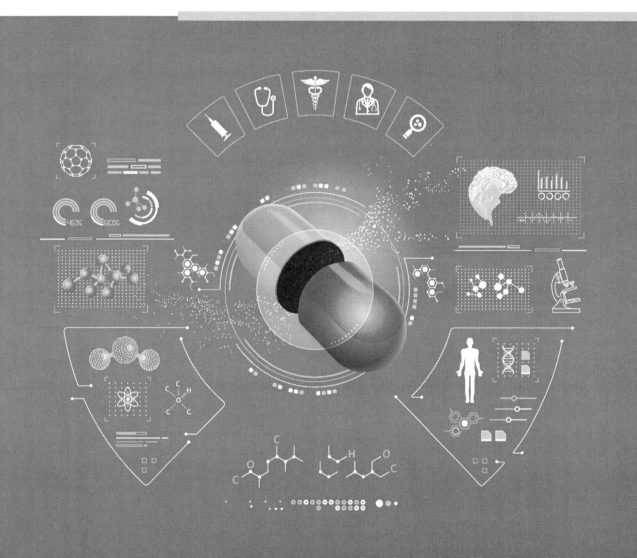

Drug Approvals and Regulatory Affairs

01 ── 의약품 재심사

의약품 재심사 제도란 신약 또는 일부 전문의약품에 대하여 허가 이후 사용 초기 약물 사용양상을 관찰하여 개발·허가과정에서 나타나지 않았던 약물이상사례 등을 조사·확인하는 제도로, 대상에 따라 4년 또는 6년의 재심사 기간을 품목별 허가조건 으로 부여하고 있다.

표 4-1 | 재심사 대상 및 기간

재심사 대상	기간	조사대상자 수
· 국내에서 세계 최초 개발 신약 · 외국에서 개발 중인 신약 · 외국 개발 신약 중 개발국 3년 미경과 신약 · 외국 개발 신약 중 개발국에서만 사용하는 신약	6년	3,000명
· 그 외 신약	6년	600명
· 유효성분의 종류 또는 배합비율이 다른 전문의약품 · 유효성분은 동일하나 투여경로가 다른 전문의약품	6년	600명
· 유효성분 및 투여경로는 동일하나 명백히 다른 효능·효과 추가 전문의약품 · 그 밖에 식약청장이 재심사를 받을 필요가 있다고 인정한 의약품	4년	600명

의약품 재심사기간은 신약이 개발되었을 때 의약품재심사기간이 주어지는데 이는 의무와 혜택이라고 할 수 있다. 신약이 허가되기 전에 충분하게 안전성을 검토했다 고 하지만, 많은 환자에게 투여될 때 또 다른 부작용을 예상할 수 있다. 따라서 신약 이 허가되면 의약품재심사기간을 주어져 4~6년 동안 시판하여 안전성을 관찰하고 보고하도록 의무화 하고 있다. 만약 부작용이 발견되면 의약품의 사용상의 주의사항 에 그 부작용을 추가할 수 있고, 또한 심각한 위해작용이 발견되면 허가를 취소해야 하기 때문이다. 그러나 이 기간 동안은 복제품이 허가되지 않는 혜택이 있다.

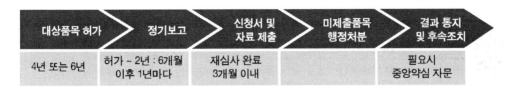

대상품목 허가	정기보고	신청서 및 자료 제출	미제출품목 행정처분	결과 통지 및 후속조치
4년 또는 6년	허가 ~ 2년 : 6개월 이후 1년마다	재심사 완료 3개월 이내		필요시 중앙약심 자문

그림 4-1 | 의약품 재심사절차

02 의약품 재평가

의약품 품목허가 신고 는 당시의 의학 약학 등 과학적 수준에서 이루어진 의약품의 안전성 유효성 및 품질에 대한 평가 결과를 근거로 이루어졌으나 시간이 경과됨에 따라 새로운 평가방법의 개발 및 분석기술의 향상으로 안전성 유효성 또는 품질이 개선된 새로운 의약품의 출현 확인되지 않았던 안전성 및 상호작용의 문제 제기 등 최신의 과학 수준에서 안전성 유효성 및 품질을 재검토 평가하여야 하는 필요성이 요구된다. 또한 의약품의 안전성 및 오남용 문제에 대한 소비자 환자의 관심도가 증대되는 등 임상적 학술적 제도적 사회적 환경변화를 겪게 된다.

따라서 허가 후의 의약품을 최신의 과학 수준에서 안전하고 합리적으로 사용하기 위해서 위와 같은 환경변화를 반영할 수 있는 제도적 장치가 반드시 필요하다.

의약품 재평가는 의약품 시판 후 안전관리 업무의 일환으로 1975년부터 이미 허가된 의약품에 대하여 최신의 과학 수준에서 안전성 및 유효성을 재검토 평가하거나 의약품동등성을 입증함으로써 허가된 효능 효과 용법 용량 사용상의 주의사항 등을 조정하여 보다 안전하고 우수한 의약품을 공급하고, 의약품을 합리적이고 안전하게 사용할 수 있도록 하였다.

그간 1975년부터 2017년까지 3차에 걸쳐 실시된 정기 재평가는 문헌자료를 위주로 검토되었으며 총 589개 약효군 82,948품목에 대하여 완료되었다. 1차는 '75년부터 '91년까지(17년간), 2차는 '92년부터 '12년까지(21년간), 3차는 '13년부터 '17년까지(5년간) 진행되었다. 문헌자료로써 최신의 안전성·유효성을 재평가할 수 없는 일부 품목에 대하여는 추가로 국내에서 임상시험을 실시토록 하여 그 결과에 따라 재평가를 실시하기도 하였다.

또한, 생물학적동등성(이하, 생동성) 미입증 품목, 생동성자료 검토 불가 품목 등에 대한 의약품 동등성 확인을 위하여 '07년부터 '17년까지 동등성 재평가를 시험을 통해 5,907품목에 대한 재평가가 완료되었다.

그러나 5년 주기의 의약품 품목허가(신고) 갱신제도가 시행('13년)됨에 따라 모든 의약품에 대하여 주기적으로 실시하던 의약품 재평가 제도는 안전성·유효성 검토가 필요한 대상을 선정하여 실시하는 방식으로 운영하는 내용을 골자로 「의약품 재평가 실시에 관한 규정」이 개정('17.11.21)되었다.

그림 4-2 | 의약품 정기재평가 절차

의약품 위해성 관리 계획
03 (Risk Management Plan)

위해성 관리 계획의 목적은 의약품 품목허가 시 또는 시판 후 안전성 중점검토를 위해 해당 품목의 '중요한 규명된 위해성, 중요한 잠재적 위해성 및 중요한 부족 정보'를 확인하여, 시판 후 부작용 조사를 위한 각종 장치를 마련함으로써 의약품의 안전사용을 강화하고자 하는 것이다. 여기서 시판 후 부작용 조사를 위한 각종 장치라 함은 ① 의약품 감시방법, ② 위해성 완화를 위한 첨부문서, ③ 환자용 사용설명서, ④ 환자용 안전사용보장조치 등을 말한다.

의약품의 품목허가·신고·심사 규정에 의한 의약품 등의 안전에 관한 규칙 제4조 1항 제11호에 따른 위해성 관리 계획을 제출하여야 하는 의약품은 다음 각 호와 같다.

01 신약

02 희귀의약품

03 시판 후 중대한 부작용 발생으로 인해 위해성 관리 계획의 제출이 필요하다고 식품의약품안전처장이 인정하는 의약품(변경허가를 포함한다)

04 신청인이 위해성 관리 계획의 제출이 필요하다고 인정하는 의약품

05 「의약품 등의 안전에 관한 규칙」 제22조 에 따라 재심사대상 의약품으로 지정되는 다음 각 목의 의약품

· 이미 허가된 의약품과 유효성분의 종류 또는 배합비율이 다른 전문의약품

· 이미 허가된 의약품과 유효성분은 동일하나 투여경로가 다른 전문의약품

· 이미 허가된 의약품과 유효성분 및 투여경로는 동일하나 명백하게 다른 효능·효과를 추가한 전문의약품

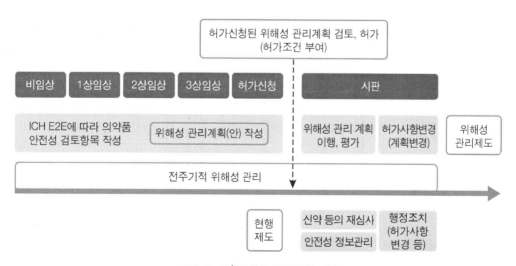

그림 4-3 | 위해성 관리계획 개요

◉ 위해성 관리 계획 제출 대상 품목 및 적용 시기

	1단계('15.7.1~)	2단계('16.7.1~)	3단계('17.7.1~)	4단계('18.7.1~)
대상	신약, 희귀의약품, 식약처장 또는 신청인이 인정하는 의약품			
		허가품목과 유효성분 종류, 배합비율 다른 전문의약품		
			허가품목과 투여경로 다른 전문의약품	
				새로운 효능·효과

◉ 위해성 관리 계획(변경) 신청서

• "위해성 관리"란 안전성·유효성에 관하여 특히 검토하여야 하는 사항이 있는 의약품에 대하여 그 안전성·유효성에 관한 정보수집, 조사, 시험, 위해성 발생의 최소화를 도모하기 위한 활동으로, 위해성 관리 계획의 개념은 다음과 같다.

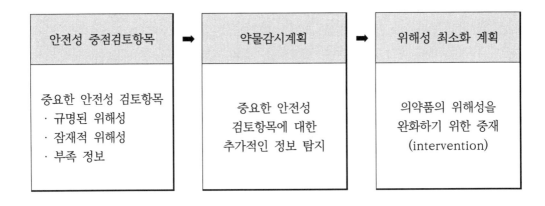

표 4-2 | 위해성 관리 계획 신청서 제출자료

연번	구성 항목	제출자료
1	■ 안전성 중점 검토항목 　- 비임상/임상에서의 안전성 요약 　- 지속 검토 필요한 중요 안전성 검토항목	○
2	■ 유효성 중점 검토항목 　(유효성 확인을 위한 조사 또는 시험이 수행되는 경우)	△[1]
3	■ 의약품 감시계획[2]	
	1) 일반적인 의약품 감시활동 　　(안전성 정보의 신속 또는 정기 보고)	○
	2) 능동적 감시 또는 비교관찰 연구	○
	3) 그 외 의약품감시계획	△
4	■ 위해성 완화 조치방법	
	1) 첨부문서(안)	○
	2) 환자용 사용설명서	△
	3) 의약사등 전문가용 설명자료	△
	4) 안전사용보장조치(교육, 안전관리체계 확보)	△

1) △의 경우 제품의 특성에 따라 결정한다.
2) 지속적인 검토가 필요한 중요 안전성·유효성 검토항목에 대한 조치계획과 주요 점검일정 및 완료해야 할 조치의 요약을 포함하여 제출한다.

04 ▶■ 자발적 부작용 보고제도

　우리나라 부작용 신고제도는 1988년 의약품 부작용 모니터링제도를 도입한 이래 여러 차례 제도의 보완과 수정을 거쳐, 2006년부터는 식품의약품안전처에서 지역의약품안전센터를 지정하고 이를 통해 자발적인 약물유해반응(Adverse Drug

Reaction, ADR) 보고를 받고 있다.

식품의약품안전처 산하기관인 한국의약품안전관리원은 전국적 범위의 약물감시 활동을 위해 대한약사회 지역의약품안전센터와 국립의료원 지역의약품안전센터를 2013년 2월 지역의약품안전센터로 지정되었다.

기존의 지역의약품안전센터에서는 각 시도 거점지역을 대상으로 약물감시활동을 수행 하지만, 국립의료원 지역의약품안전센터는 전국 보건소를 활동대상으로 하고, 대한약사회 지역의약품안전센터는 전국 약국과 외래환자를 대상으로 활동을 수행하 도록 지정되었다.

2006년 당시 식약청에서는 3개 대학병원(세브란스병원, 아주대병원, 서울대병 원)을 지역약물감시센터로 지정한 이후, 부작용 보고건수가 급격히 증가하기 시작 하였다. WHO-UMC(World Health Organization-Uppsala Monitoring Center)가 2009년부터 2014년까지 국가별 의약품 부작용 보고현황을 집계한 결과, 우리나라 의 인구 100만 명당 의약품 부작용 보고건수가 2014년 2위를 차지하였으며, 2017 년에는 누적 보고건수가 25만 건을 넘어섰다. 현재 부작용 보고는 27개 지역약물 감시센터 위주로 이루어지고 있고 지역약물감시센터는 현재 대형병원 위주로 지 정되어 있다.

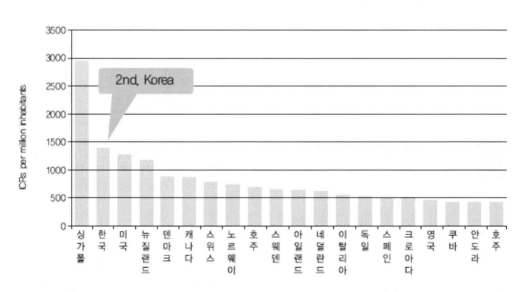

그림 4-4 | WHO-UMC, 국가별 인구 100만 명당 의약품부작용 보고건수(2009.3.3.-2014.3.3.)

표 4-3 | 2018년 3분기 의약품 안전성정보 보고현황

(단위: 건)

연도	2013년	2014년	2015년	2016년	2017년	2018년				
						1분기	2분기	3분기	4분기	소계
보고건수	183,260	183,554	198,037	228,939	252,611	60,388	65,873	68,421		194,682

자료: 한국의약품안전관리원

그림 4-5 | 전국 27개 지역의약품안전센터 현황

05 약물감시(Pharmacovigilance)

● 약물감시(pharmacovigilance)란?

의약품등의 유해사례 또는 안전성 관련 문제의 탐지·평가·해석·예방에 관한 과학적 활동을 말한다. 약물감시는 의약품의 안전성정보 수집에서부터 위해 관리에 이르기까지 의약품의 전 주기를 거쳐서 이어지는 활동이다.

질병을 관리 및 통제하기 위한 의약품이 약물유해반응(Adverse Drug Reaction, ADR), 정상적 용법/용량으로 약물을 투여했을 때 발생한 의도치 않은 유해한 반응을 일으키는 경우가 발생하곤 한다. 이는 환자의 치료기간 연장을 유발하고 치료비용을 상승시켜 궁극적으로 환자와 보험재정의 경제적 부담을 가중시키는 요인이 된다.

미국의 경우, 약물유해반응으로 인한 외래진료가 연간 약 4백만건을 기록했고 약물유해반응으로 인해 입원 1건당 평균 5천달러의 비용이 추가적으로 발생한다고 보고된 바 있으나 국내의 경우 아직까지 이에 대해 체계적으로 연구된 바가 없다.

일부 국가에서는 약물유해반응으로 인한 사망이 전체 사망 원인 중 상위 10위 안에 포함된다고 한다. 약물유해반응은 제품 자체의 본질적인 위해성을 제외하더라도, 개별 환자의 특정 약물에 대한 특이성과 예측 불가능한 민감성을 나타낼 수 있다. 또한 두 가지 종류 이상의 약이 처방되는 경우 약물 간 부정적인 상호작용을 일으킬 위험이 있다.

● 약물감시 관련 용어

• 부작용(side effect)

의약품등을 허가받은 용법·용량에 따라 사용하였음에도 불구하고, 목적하고 있는 효능·효과 외에 발생하는 모든 의도되지 않은 효과를 말하며, 의도되지 않은 바람직한 효과도 포함한다. 기대되는 효과의 실패, 효능 부족 사례도 부작용에 해당한다.

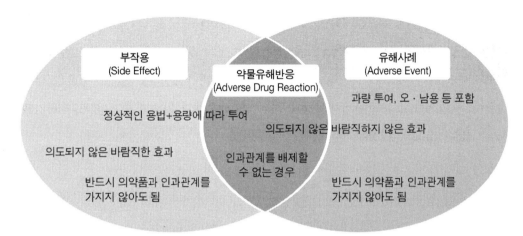

그림 4-6 | 부작용-약물유해반응-유해사례

- **유해사례(Adverse Event, AE)**

  의약품등의 투여·사용(과량 투여, 오·남용 등 포함) 중 발생한 바람직하지 않고 의도되지 아니한 징후(sign, 예 : 실험실적 검사치의 이상), 증상(symptom) 또는 질병을 말하며, 반드시 의약품과 인과관계를 가져야 하는 것은 아니다. 의약품등의 투여 전에 발생한 징후, 증상 등은 유해사례로 간주하지 않는다.

- **실마리정보(Signal)**

  의약품유해사례보고시스템(KAERS)에 축적된 부작용 보고자료 중 데이터마이닝 기법으로 분석한 통계학적으로 의미 있는 정보 등을 말한다. 분석 대상이 되는 부작용 정보는 인과관계가 알려지지 아니하거나 입증자료가 불충분한 것도 포함한다. 데이터마이닝을 통해서 도출된 정보 중에서 인과관계 가능성, 허가사항 미반영 여부 등을 통해 우선순위화 한 후, 임상문헌 및 국외 허가현황 등 검토를 거쳐 안전조치 필요성 여부 등을 종합적으로 평가하는 절차로 진행된다.

  ※ 데이터마이닝(data mining) : 전산화된 알고리즘을 통해 숨겨진 패턴이나 예측하지 못한 관련성을 찾아내는 통계학적 분석 기법

• 약물유해반응(Adverse Drug Reaction, ADR)

의약품등을 허가받은 효능·효과, 용법·용량에 따라 투여·사용 중 발생한 유해하고 의도되지 아니한 반응으로서 해당 의약품등과의 인과관계를 배제할 수 없는 경우를 말한다. 자발적으로 보고된 유해사례 중에서 인과관계가 알려지지 않았거나 평가를 할 수 없는 경우도 약물유해반응으로 간주한다.

〈약물유해반응 예시〉

① 고혈압을 앓고 있는 홍길동씨가 항고혈압약제를 복용한 후 어지러움 증상이 발생하여 홍길동씨가 직접 유해사례 발생을 보고한 경우, 자발적으로 보고된 사례이며 의약전문가의 인과성 평가가 이루어지지 않았으므로 인과관계를 배제할 수 없음. 따라서 약물유해반응으로 간주함
② 시판후 임상시험 등 계획된 자료수집체계를 등을 통해 보고된 유해사례 중에서 (원) 보고자인 의약전문가 또는 보고자가 약물과 유해사례간의 인과관계를 '관련성 있음 또는 배제할 수 없는 것'으로 평가한 경우 약물유해반응으로 인정함

• 중대한 유해사례·약물유해반응(Serious AE/ADR)

중대한 유해사례·약물유해반응이란 유해사례 또는 약물유해반응 중에서 다음과 같은 상태를 의미한다.

① 사망을 초래하거나 생명을 위협하는 경우
② 입원 또는 입원기간의 연장이 필요한 경우
③ 지속적 또는 중대한 불구나 기능저하를 초래하는 경우
④ 선천적 기형 또는 이상을 초래하는 경우
⑤ 기타 의학적으로 중요한 상황

"사망을 초래한 경우"에는 사망에 이르게 한 원인을 유해사례명으로 보고하도록 하며 사망자체는 그 결과로서 기술함. 다만 갑작스러운 사망으로 사망 원인이 명확하지 않은 경우에는 "사망"으로 보고한다.

"생명을 위협하는 경우"란 해당 유해사례가 발생한 시점 당시 심각한 응급상황이 발생하여 사망 우려에 처한 경우를 의미함. '해당 유해사례의 정도가 심해졌다면 사망을 초래할 수도 있었다'라는 가정은 해당되지 않는다.

"입원 또는 입원기간의 연장이 필요한 경우"란 유해사례로 인해 입원이 불가피하거나 회복이 어려워 입원기간이 연장되는 경우를 말함. 이 경우는 의사 등 전문가의 의학적인 판단에 따라야 하며, 환자의 요구 등에 따른 입원 및 입원기간의 연장은 해당되지 않는다.

"불구나 기능저하를 초래하는 경우"란 반드시 영구적인 것만을 말하는 것이 아니며, 걷기나 의사소통 장해 등 일상생활의 기능을 수행하는 것이 실제적으로 불가능하게 된 경우를 포함한다.

"선천적 기형 또는 이상을 초래하는 경우"란 임부의 의약품 투여·사용 및 직·간접적인 노출로 인하여 태아에게 형태나 기능에 변형을 일으키는 경우를 말한다.

"기타 의학적으로 중요한 상황"은 상기 기술한 중대한 유해사례에는 해당되지 않지만, 적절한 처치가 없다면 중대한 유해사례를 초래할 수도 있다고 전문가가 의학적인 판단을 한 경우

〈중대한 유해사례 · 약물유해반응 예시〉

① 실제로 입원을 하지는 않았으나, 알러지성 기관지연축, 혈액질환 또는 경련 등으로 응급실 또는 가정에서 집중 치료를 요했던 경우
② 약물의존성/오남용 등으로 인해 환자를 위태롭게 할 수 있다고 의학적/과학적으로 판단된 경우

• **예상하지 못한 약물유해반응(Unexpected ADR)**

의약품등의 품목허가(신고) 사항과 비교하여 그 양상이나 위해정도, 특이성 또는 그 결과에 차이가 있는(그 결과를 설명하거나 예상할 수 없었던) 약물유해반응을 말하며, 아래와 같이 예를 들 수 있다.

〈예상하지 못한 약물유해반응 예시〉

① 혈압강하제를 복용 후 고칼륨혈증이 발생하였는데, 의약품과의 인과성을 배제할 수 없으며 해당 의약품의 품목허가사항에 고칼륨혈증이 명시되어 있지 않은 경우

② 품목허가사항에 심혈관계 관련 이상반응이 전혀 기술되어 있지 않는데, '부정맥'이 발생한 경우

③ 품목허가사항에 '과민반응'이라고 기술되어 있는데, '드레스 증후군'이 발생한 경우

사용상의 주의사항에 "패혈증으로 인한 사망" 또는 "사망을 동반한 패혈증" 등과 같이 기술되어 있는데 패혈증이 발생하여 사망한 경우는 예상하지 못한 약물유해반응으로 볼 수 없다.

동일 약물계열의 약물유해반응(Class ADR)의 경우 의약품등 품목허가사항에 기술된 내용을 토대로 예상하지 못한 약물유해반응/예상한 약물유해반응을 판단할 수 있다.

① 품목허가사항에 다음과 같이 기술되어 있으면 동일 약물계열의 예상한 약물유해반응으로 간주한다.

　　가. "이 약물 계열에 속하는 타 약물과 같이, 다음과 같은 유해사례가 이 약물의 사용 시 나타날 수 있다"

　　나. "이 약물을 포함하는 ○○ 약물 계열에 속하는 의약품등은 △△을 초래할 수 있다"

② 품목허가사항에 다음과 같이 기술되어 있으면 동일 약물계열의 예상하지 못한 약물유해반응으로 간주한다.

　　가. "이 약물 계열에 속하는 타 약물에서 △△를 초래하는 사례가 보고되었다."

　　나. "이 약물 계열에 속하는 타 약물에서 △△를 초래하는 사례가 보고되었으나, 현재까지 이 약물 사용과 관련하여 보고된 사례는 없다."

③ 품목허가사항에 충분한 기술이 되지 않았거나 판단이 불확실한 경우에는 예상하지 못한 약물유해반응으로 간주해야 한다.

• 실험실적 검사치의 이상

단순히 수치의 변화가 있다고 하여 유해사례로 간주하는 것은 아니며, 임상적으로 유의미하다고 간주되는 경우에 한하여 유해사례에 포함될 수 있다.

〈실험실적 검사치의 이상 예시〉

① 고칼륨혈증: 정상 수치인 3.5~5.5mEq/L를 초과하는 경우
② 간 효소 증가: 간효소 수치인 ALT(alanine aminotransferase, 10~40 U/L)가 정상상한치의 3배 이상 초과한 경우

◎ 약물감시가 중요한 이유

대부분의 의약품은 시판 허가를 받기위한 임상시험 수행 시 제한된 수의 통제된 사람들을 대상으로 단기간의 안전성과 효능을 테스트한다. 일단 시장에 출시되면 의약품은 통제된 조건의 임상시험 환경을 벗어나기 때문에 일반 소비자의 실제 생활 조건에서 효과와 안전성을 모니터링하는 것이 필수적이다.

The Five "Toos"

Too Few -- study subjects

Too Simple -- design

Too Median-Aged -- population

Too Narrow -------------------------------------- range of exposure

Too Brief ------------------------------ period of observation time

---

그림 4-7 | 시판 전 임상시험의 한계

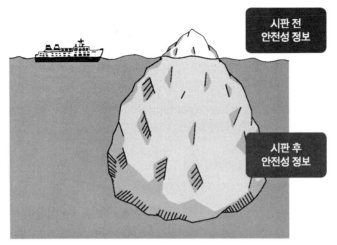

그림 4-8 | 시판 후 안전관리 목적

약물감시가 중요한 이유는 모든 의약품에 잠재하고 있는 이익과 위험성 사이의 균형을 유지하고, 치료결정을 내릴 때에는 안전 및 효능에 대한 품질이 잘 관리되는 의약품이 선택되도록 할 수 있으며, 그리고 약물 복용 측면에서 환자의 피해를 최소화할 수 있게 도와주기 때문이다. 또한 약물사용의 위험을 예방하고 관리할 수 있도록 보장하며, 의료인들에게는 본인들이 처방한 의약품의 효과와 위험을 이해할 수 있는 자료가 될 수 있다. 이것으로 의약품 사용에 관한 권고안을 개정하기 위해 필요한 정보를 규제당국에 제공할 수 있으며, 나아가 전문가인 의료인과 대중간의 의사소통을 향상시킬 수 있다. 이것이 약물감시의 중요한 역할이라고 볼 수 있다.

● 우리나라 약물감시체계 절차

현재 우리나라에서 의약품의 약물유해반응을 감시하는 체계는 '의약품 재심사 제도', '의약품 재평가 제도', 그리고 '자발적 부작용 신고제도' 등이 있다. 감시체계 중 '자발적 부작용 신고제도'는 시판 후 약물의 유해반응 정보를 조기에 수집하고 분석하여 실마리 정보를 탐색하는 등 안전성 정보 생산에 있어 핵심적 역할을 하는 제도이다.

표 4-4 | WHO-UMC 의약품 이상반응 원인관계 평가 알고리즘

분류	평가기준
부작용이 확실함 (Certain)	• 임상증상, 검사소견이 약물투여시점과 잘 일치하며, 원래 있던 질환, 또는 병용투여 약제로 설명이 되지 않음 • 투여를 중단하였을 때 임상경과가 약물부작용에 임상적으로 타당함 • 약리학적으로 약물에 의함이 확실하고, 필요한 경우 약물유발 검사를 실시하여 재현됨
부작용일 가능성 높음 (Probable)	• 임상증상, 검사소견이 의심되는 약물투여시점과 비교적 일치하며, 원래 있던 질환이나 또는 병용투여약제가 원인일 가능성이 낮음 • 투여 중단하였을 때 임상경과가 약물부작용에 임상적으로 타당함 • 재투여 후 증상재현 여부는 본 기준을 평가하는데 적용할 필요는 없음
부작용 가능성이 있음 (Possible)	• 임상증상, 이상검사 소견이 의심되는 약물 투여 시점과 비교적 일치함, 그러나 원래 가지고 있던 질환이나, 또는 병용투어 약제로도 설명이 가능함 • 투여중단 후 정보가 명확하지 않거나, 미비 상태여도 본 기준에 적용할 수 있음
약물 부작용 가능성이 희박함 (Unlikely)	• 임상증상, 이상 소견이 의심되는 약물투여 시점과 일치하지 않으며, 원래 있던 질환이나 병용약제로 설명이 됨
자료 보완/ 분류 보류 평가/분류 불가	• 부작용으로 보고된 임상증상, 검사소견을 평가하는데 적절한 임상적 평가 혹은 임상자료가 보완필요함 • 보고된 부작용의 임상정보가 부족하거나, 논리적으로 맞지 않아 평가할 수 없고, 보고된 자료의 확인 및 보완이 불가능함

자료: 윤나경, 2019, 한국 의약품 부작용 보고제도에 관한 고찰, 대한약국학회지

　대한약사회 지역의약품안전센터에서는 지역약물감시센터와 한국의약품안전관리원에 접수된 이상사례들을 가지고 WHO-UMC 평가기준을 이용해 인과성 평가를 실시하며 인과성 평가를 수행한 내용들을 모아서 유해사례보고 데이터베이스를 구축한다. 이렇게 구축된 유해사례보고 데이터베이스를 이용해 기존 자료들과 비교하는 등 여러 단계를 거쳐 유의미한 안전성 정보를 생산하기 위해 노력하고 있다.

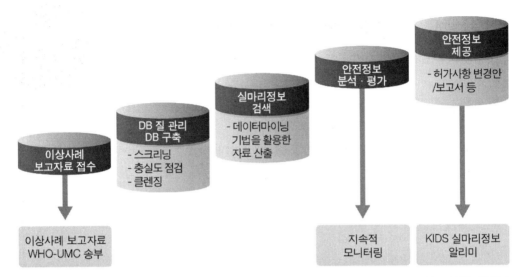

자료: 윤나경, 강민구, 2019, 한국 의약품 부작용 보고제도에 관한 고찰, 대한약국학회지

그림 4-9 | 의료 안전정보 데이터베이스 확립 및 관리 절차

CHAPTER

05

2020년부터 달라지는
안전관리 제도

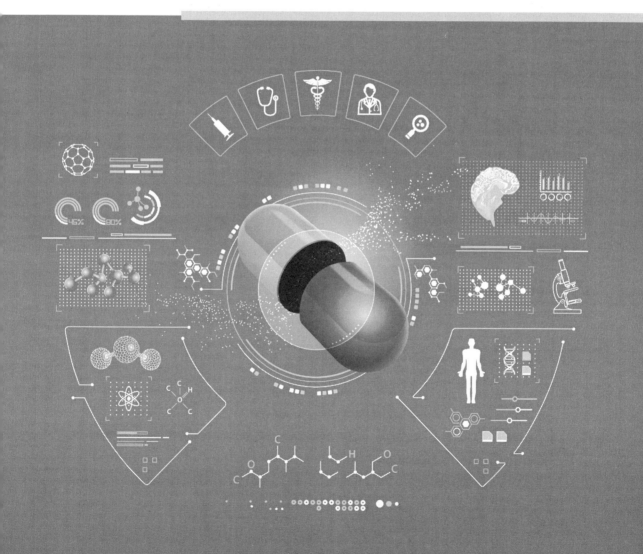

Drug Approvals and Regulatory Affairs

01 원료의약품 불순물 관리 강화

식품의약품안전처는 지난 2018년 고혈압 치료제의 원료인 발사르탄[5]과 2019년 위장약의 원료인 라니티딘, 니자티딘[6]에서 불순물 N-니트로소디메틸아민(N-Nitrosodimethylamine, NDMA)[7]이 검출되어 해당 제품을 회수 및 제조·수입 중지 조치한 바 있다.

이를 계기로 식약처는 합성 원료의약품 전체에 대한 NDMA 등 불순물 검출 여부에 대한 조사를 업체 자체적으로 실시하도록 지시하였다. NDMA 등 불순물 발생가능성 평가를 수행하고 발생이 우려되는 의약품은 즉시 업체 자체적으로 시험검사를 실시하고 검출되는 경우 요약된 결과를 식약처에 공문으로 보고해야 한다. 보고기한은 불순물 발생가능성 평가는 20년 5월까지, 시험검사 결과는 21년 5월까지이다.

이외에도 원료의약품을 신규로 허가 받거나 공정변경 시 NDMA 등 불순물에 대한 자료 제출 및 사전검증을 수행해야 한다. 또한 원료의약품 해외제조소에 대해 사전등록제를 도입하고, GMP 기준 준수여부 확인 및 관리·감독을 위한 해외 현지실사를 확대하는 등 원료의약품의 불순물 관리를 강화하는 내용의 제도들이 시행을 앞두고 있다.

---

5) 발사르탄은 고혈압, 심부전, 심근경색 후의 사망위험성 감소 등에 쓰이는 의약품의 주성분인 원료의약품으로, 혈관을 수축시키는 안지오텐신II라는 물질의 작용을 저지하여 혈압을 떨어뜨린다.

6) 라니티딘과 니자티딘은 위산과다, 속쓰림, 위·십이지장궤양, 역류성식도염 등을 치료하기 위한 약에 사용하는 성분을 말한다.

7) N-니트로소디메틸아민(N-Nitrosodimethylamine, 이하 NDMA)은 세계보건기구(WHO) 국제 암연구소(IARC)에서 인간에게 발암물질로 작용할 가능성 있는 물질(2A군)로 분류하고 있다.

○ NDMA(N-nitrosodimethylamine) 발생원인 추정

- 용매로 사용된 **디메틸포름아미드(DMF)**의 (고온)공정 중 분해물인 **디메틸아민**이 **아질산염**과 **산성조건**에서 **반응**하여 **NDMA** 생성

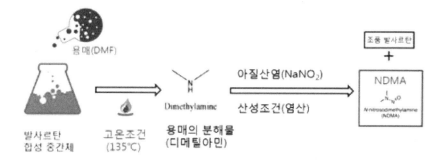

자료: 식품의약품안전처 보도자료(2018.12.19. 배포)

그림 5-1 | 발사르탄에서 검출된 NDMA 발생원인

02 위탁·공동 생물학적동등성 시험 제도 제한

생물학적동등성 시험(bioequivalence test, 이하 생동성 시험)이란 임상 시험의 일종으로 주성분이 전신순환 혈에 흡수되어 약효를 나타내는 의약품에 대하여 동일 주성분을 함유한 동일 투여경로의 두 제제가 생체이용률에 있어서 통계학적으로 동등하다는 것을 입증하기 위해 실시하는 시험을 말한다.

과거에 생동성 시험은 시간, 비용 등의 문제로 여러 제약사가 허가 만료된 오리지널의약품에 대해 제네릭의약품을 허가 받고자 공동으로 진행하곤 하였다. 2006년 제네릭의약품의 허가를 위한 생동성 시험 자료가 대규모 조작된 사실이 밝혀지면서 총 307개 품목허가가 취소되었다. 이후 생동성 시험을 진행할 때 공동으로 참여할 수 있는 업체 수를 2개로 제한하는 공동생동 제한 규제가 2007년 시행되었다. 하지만 오리지널 의약품을 보유한 업체가 파트너십을 통해 일부 제약사에게

위탁·판매를 맡기는 제품의 경우에도 사실상 동일한 제품 2개를 가지고 생동성 시험을 진행해야 하는 불합리한 상황도 발생했다. 결국 불합리한 규제라는 이유로 규제개혁위원회의 개선 권고에 따라 식품의약품안전처는 2011년 공동생동 제한 규제를 해제하였다.

최근까지 제네릭의약품을 허가받기 위해 위탁·공동으로 수행하던 생동성 시험이 만연하던 가운데, 앞서 언급했던 2018년 발사르탄 사태로 인해 불순물이 검출된 품목이 대부분 제네릭의약품이었고, 그 수가 비정상적으로 많았던 것이 문제로 인식되었다. 식약처는 위탁·공동 생동성 시험이 사태를 키운 원인 중 하나로 보고, 2020년부터 위탁생동 품목 허가 수는 원제조사 1개와 위탁제조사 3개 이내로 제한하는 제도를 시행하기로 했다. 그리고 1+3 제한 시행 이후 3년 뒤에는 위탁·공동 생동이 완전 폐지된다.

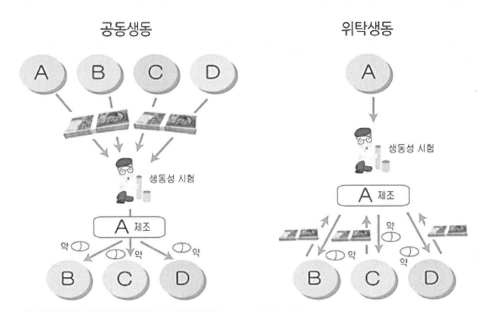

자료: 김은아, 2009, 고개드는 '위탁생동' 성분명처방 수순밟기?, 의협신문

그림 5-2 | 공동생동과 위탁생동의 차이

03 ─ 세포 · 유전자치료제 허가 시 장기추적조사 의무화

　최초의 골관절염 유전자치료제로 2017년 우리나라 식약처에 허가를 받은 인보사
는 주성분이 1액과 2액으로 구성되어 있으며, 1액은 사람유래 연골세포이고 2액은
'세포를 빨리 증식시키는 유전자(TGF-β 1)'가 삽입된 사람유래 연골세포이다. 하지
만 2액이 연골세포가 아닌 신장세포임이 확인되면서 식약처는 최초 허가당시 제출
한 자료가 허위라고 판단하여 허가 취소를 결정하였고, 기존의 투약환자들을 대상으
로 15년간 장기추적조사를 진행하기로 하였다.

　인보사 사태로 말미암아 세포치료제나 유전자치료제와 같이 안전성 우려가 있는
의약품의 허가조건에 장기추적조사 계획서 제출을 의무화하는 내용이 2020년 8월
부터 시행되는 첨단재생바이오법(첨단재생의료 및 첨단바이오의약품 안전 및 지원
에 관한 법률안)의 주요 내용 중 하나로 반영되었다.

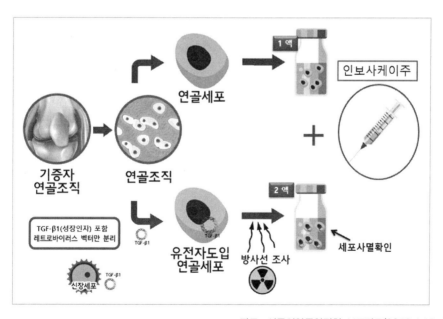

자료: 식품의약품안전처 보도자료(2019.4.15. 배포)

그림 5-3 | 인보사케이주 제조방법

용어정리

- **국제공통기술문서(CTD, common technical document)** : 국제조화회의(ICH)에서 2000년 11월 합의 제정된 의약품 허가 신청에 사용되는 공통서식을 말한다.

- **임상시험** : 의약품 등의 안전성과 유효성을 증명하기 위하여 사람을 대상으로 해당 약물의 약동(藥動)·약력(藥力)·약리·임상적 효과를 확인하고 이상반응을 조사하는 시험

- **임상시험자료집** : 의약품의 약동학, 약력학, 용량반응, 안전성·유효성에 관한 정보가 포함된 국내·외 임상시험성적에 관한 자료를 말한다.

- **외국임상자료** : 임상시험자료집 중 외국에서 얻어진 임상시험자료를 말한다.

- **가교자료** : 국내외에 거주하는 한국인을 대상으로 얻어진 시험자료로서 임상시험자료집에서 발췌하거나 선별한 자료 또는 가교시험으로부터 얻어진 자료를 말한다.

- **가교시험** : 의약품의 안전성·유효성에 관한 민족적 요인에 차이가 있어 외국임상자료를 그대로 적용하기가 어려운 경우 국내에서 한국인을 대상으로 가교자료를 얻기 위하여 실시하는 시험을 말한다.

- **민족적 요인** : 의약품의 안전성·유효성의 민족 간 차이에 영향을 미치는 요인으로서 유전적, 생리적 소인 등의 내적요인과 문화유환경 등의 외적요인을 말한다.

- **생체이용률** : 주성분 또는 그 활성대사체가 제제로부터 전신순환혈로 흡수되는 속도와 양의 비율을 말한다.

- **생물의약품** : 사람이나 다른 생물체에서 유래된 것을 원료 또는 재료로 하여 제조한 의약품으로서 보건위생상 특별한 주의가 필요한 의약품을 말하며, 생물학적제제, 유전자재조합의약품, 세포배양의약품, 세포치료제, 유전자치료제, 기타 식품의약품안전처장이 인정하는 제제를 포함한다.

- **개량생물의약품** : 이미 허가된 생물의약품에 비해 다음 가목부터 다목까지의 어느 하나에 해당하는 제제학적 변경 또는 다음 라목에 해당하는 변경으로 이미 허가된 생물의약품에 비해 안전성·유효성 또는 유용성(복약순응도·편리성 등)을 개선한 것으로 식품의약품안전처장이 인정한 의약품을 말한다.

가. 유효성분의 종류 또는 배합비율

나. 투여경로

다. 제형

라. 명백하게 다른 효능효과를 추가

- **동등생물의약품** : 이미 제조판매·수입품목 허가를 받은 품목과 품질 및 비임상·임상적 비교동등성이 입증된 생물의약품을 말한다.

- **생물학적제제** : 생물체에서 유래된 물질이나 생물체를 이용하여 생성시킨 물질을 함유한 의약품으로서 물리적·화학적 시험만으로는 그 역가와 안전성을 평가할 수 없는 백신·혈장분획제제 및 항독소 등을 말한다.

- **유전자재조합의약품** : 유전자조작기술을 이용하여 제조되는 펩타이드 또는 단백질 등을 유효성분으로 하는 의약품을 말한다.

- **세포배양의약품** : 세포배양기술을 이용하여 제조되는 펩타이드 또는 단백질 등을 유효성분으로 하는 의약품을 말한다.

- **세포치료제** : 살아있는 자가, 동종, 이종 세포를 체외에서 배양·증식하거나 선별하는 등 물리적, 화학적, 생물학적 방법으로 조작하여 제조하는 의약품을 말한다. 다만, 의료기관 내에서 의사가 자가 또는 동종세포를 당해 수술이나 처치 과정에서 안전성에 문제가 없는 최소한의 조작(생물학적 특성이 유지되는 범위 내에서의 단순분리, 세척, 냉동, 해동 등)만을 하는 경우는 제외한다.

- **유전자치료제** : 병치료 등을 목적으로 인체에 투입하는 유전물질 또는 유전물질을 포함하고 있는 의약품을 말한다.

- **희귀의약품** : 적용대상이 드물고 적절한 대체의약품이 없어 긴급한 도입이 요구되는 의약품으로서 식품의약품안전처장이 지정하는 것을 말한다.

- **첨부물** : 제품의 사용에 필요하여 동일 포장 내에 허가받고자 하는 제품 이외의 물품으로써 「약사법」에 따른 의약품, 의약외품 및 「의료기기법」에 다른 의료기기에 해당하는 품목을 말한다.

- **유효성분** : 내재된 약리작용에 의하여 그 의약품의 효능·효과를 직접 또는 간접적으로 발현한다고 기대되는 물질 또는 물질군으로서 주성분을 말한다.

- **실측치** : 실측한 값으로서 이상치를 제거한 실제 통계분석에 사용된 측정값을 말한다.

- **검체** : 무작위 채취와 같이 합리적으로 채취된 시료를 말한다.

- **원액** : 주성분을 함유하는 제형화 전 상태의 것을 말한다.

- **최종원액** : 한 용기 내에서 조제되어 바로 분주할 수 있는 상태의 것으로서 그 내용의 어느 부분을 취하여도 성상 및 품질에 있어 균일하다고 인정되는 것을 말한다.
- **의약품특허권** : 품목허가를 받은 의약품에 관한 특허권
- **품목허가** : 약사법 제31조 제2항 및 제3항에 따라서 제조업자 등이 제조하거나 위탁제조한 의약품을 판매하려는 경우 또는 법 제42조 제1항에 따라서 수입을 하려는 경우 식품의약품안전처장에게 품목별로 신청하여 받는 제조판매·수입 품목허가
- **변경허가** : 약사법 제31조 제9항 또는 제42조 제1항에 따라서 의약품등의 제조업자·수입자 또는 위탁제조판매업자가 그 허가받은 사항을 변경하려는 경우 식품의약품안전처장에게 받아야 하는 허가
- **특허관계 확인서** : 등재의약품의 안전성·유효성 자료를 근거로 의약품등의 제조판매·수입 품목허가를 받으려는 자가 품목허가 신청시에 제출하여야 하는 등재특허권과 품목허가신청 의약품의 관계에 대한 확인서로 의약품 등의 안전에 관한 규칙 제4조 및 별지 제5호 서식으로 규정하고 있음.
- **의약품 특허목록** : 식품의약품안전처장이 품목허가 또는 변경허가를 받은 자료부터 등재 신청을 받은 의약품에 관한 특허권을 등재하여 관리하는 의약품 특허목록으로 인터넷 홈페이지(http://nedrug.mfds.go.kr)에 공개됨.
- **등재사항** : 약사법 제50조의2제4항에 따라 특허목록에 등재된 사항. 의약품의 명칭, 특허권등재자·특허권자등의 인적사항, 특허번호, 특허권의 설정 등록일 및 존속기간 만료일, 특허청구항 등을 포함함.
- **물질에 관한 특허** : 의약품에 포함된 성분에 관한 특허로, 염, 수화물을 포함하는 용매화물, 이성질체, 무정형, 결정다형에 관한 특허가 이에 포함될 수 있음.
- **제형에 관한 특허** : 주사용, 경구 등 제형(제제)의 특수성 등을 이용하여 의약적 효과를 증대시키는 내용에 관한 특허
- **조성물에 관한 특허** : 의약품 주성분을 조합한 복합제 또는 의약품과 첨가제의 조합을 통한 처방에 관한 특허
- **의약적 용도에 관한 특허** : 의약품의 효능·효과, 용법·용량, 약리기전 등에 관련된 특허
- **등재특허권** : 특허목록에 등재된 특허권
- **등재의약품** : 특허목록에 의약품특허권이 등재된 의약품

- **통지의약품 :** 등재의약품의 안전성·유효성에 관한 자료를 근거로 품목허가 또는 변경허가를 신청하고, 그 신청사실을 특허권등재자와 등재특허권자등에게 통지한 의약품

- **특허권등재자 :** 품목허가 또는 변경허가를 받은 자로서, 의약품특허권의 등재를 신청하여 특허목록에 의약품특허권을 등재받은 자

- **등재특허권자등 :** 특허목록에 등재된 의약품특허권의 특허권자 또는 전용실시권자

- **안전성·유효성 자료 :** 약사법 제31조 제10항에 따라 신약 또는 식품의약품안전처장이 지정하는 의약품에 관하여 품목허가 또는 품목신고를 받기 위하여 제출하여야 하는 안전성·유효성에 관한 자료를 가리키며, 구체적인 제출자료는 의약품 등의 안전에 관한 규칙 제9조 및 식품의약품안전처장의 고시에 규정하고 있음.

- **(품목허가 등 신청사실의) 통지 :** 등재의약품의 안전성·유효성에 관한 자료를 근거로 의약품의 품목허가 또는 효능·효과에 관한 변경허가를 신청한 자가 등재특허권이 무효이거나 품목허가를 신청한 의약품이 등재특허권을 침해하지 않는다고 판단할 경우에 품목허가 등을 신청한 사실과 신청일, 판단의 근거 등을 특허권등재자와 등재특허권자등에게 통지하는 제도

- **판매금지 :** i) 식품의약품안전처장이 등재특허권자등의 신청을 받아 통지의약품에 대하여 등재특허권자등이 통지를 받은 날로부터 9개월간 판매를 금지하는 처분 또는 ii) 식품의약품안전처장이 우선판매품목허가를 받은 의약품과 동일하고, 등재의약품과 유효성분이 동일한 의약품에 대하여 최초로 우선판매품목허가를 받은 의약품의 판매가능일로부터 9개월간 판매를 금지하는 처분

- **동일의약품 :** 주성분 및 그 함량, 제형, 용법·용량, 효능·효과가 동일한 의약품

- **우선판매품목허가 :** i) 우선판매품목허가를 신청하는 의약품과 동일의약품이면서 ii) 등재의약품의 안전성·유효성에 관한 자료를 근거로 품목허가 또는 변경허가를 신청하는 의약품으로서 iii) 등재의약품과 유효성분이 동일한 의약품의 판매가 일정기간동안 금지되어, 우선하여 의약품을 판매할 수 있는 허가

- **주성분 :** 의약품의 효능·효과를 나타낸다고 기대되는 주된 성분으로 일반적으로 의약품의 허가사항에 주성분으로 기재되는 성분

- **유효성분 :** 주성분에서 의약품의 효능·효과를 나타내는 부분. 예를 들어, 주성분이 실데나필시트르산염인 경우 유효성분은 실데나필을 의미함.

- **위임형 후발의약품 :** 신약(오리지널 의약품, 브랜드 의약품)의 제약사에 의해 직접 또는 위탁생산되어 신약과는 다른 이름이나 포장으로 판매되는 의약품

- **역지불합의** : 통상의 지식재산권 분쟁과는 달리 권리자가 침해 추정자에게 금원 등 급부를 지급하는 합의로서, 대개 일정 기간 동안 후발제약사의 시장 진입을 지연시키는 합의가 포함됨. Reverse Payment 또는 Pay-for-Delay Settlement 라고 함.

- **FDA** : Food and Drug Administration 미국의 식품의약국

- **NDA** : New Drug Application 미국의 신약허가신청

- **ANDA** : Abbreviated New Drug Application 미국의 약식신약허가신청

- **Paper NDA** : 미국의 개량신약 허가신청

- **Orange book** : Approved Drug Products with Therapeutic Equivalence Evaluations. 미국의 승인 의약품 목록으로 오렌지색 표지로 발간된다고 하여 오렌지 북이라고 불림. 처방의약품의 치료적 동등성 평가를 제공하는 목적을 갖고 있어 오리지널 제품 뿐 아니라 후발의약품 제품도 등재되어 있으며, 의약품에 관한 특허번호도 등재되어 있음.

- **FDCA** : Federal Food, Drug & Cosmetic Act 미국의 연방식품의약품화장품법

- **Parapragph IV Certification** : 미국의 의약품 허가신청에 있어서 대상 신약의 특허 기간 만료 이전에 대상 특허가 무효이거나 후발제약사의 사용방법이 특허를 침해하지 않는다고 진술하는 것. 특허 분쟁이 발생할 가능성이 있으며, 허가절차의 유예, 제네릭 독점권 제도의 적용 대상이 될 수 있음

- **180-Generic Exclusivity** : 미국의 약식신약허가신청(ANDA)에서 Parapragph IV를 선택한 경우에 시판허가를 성공적으로 취득한 최초의 후발제약사에게 부여하는 180일간의 판매 독점권

- **Prohibition order** : 금지 명령. 캐나다의 신약개발사는 후발제약사로부터 허가신청 사실을 통지받은 날로부터 45일 내에 보건부장관이 후발의약품의 시판을 허가할 수 없도록 금지하는 명령(Prohibition order)을 하여 줄 것을 연방법원에 신청할 수 있음.

- **공동생동** : 여러 제약회사가 모여 비용을 공동 지불해 생동성 시험을 실시하는 것으로, 생동성이 인정되면 이 중 한 회사가 의약품을 제조해 각각의 회사에 공급하게 된다. 이 때 각 회사는 생동성 시험에 드는 비용의 1/n을 지불하기 때문에 단독 생동보다 비용 부담이 줄어들게 된다.

- **위탁생동** : 위탁제조를 의뢰할 때 해당 품목이 이미 생동성 시험을 통과한 약이라면 위탁제조된 약에 대해서 별도의 생동성 시험 없이도 생동성을 인정해주는 것. 이 때 두 약은 같은 제조사가 제조하는 똑같은 약이지만 각자의 회사에서 다른 이름으로 판매된다. 공동생동과 위탁생동은 같

은 제조사에서 만든 약을 여러 회사가 다른 이름으로 판매할 수 있게 된다는 공통점이 있지만, 공동생동은 개발단계(생동성 시험)에서부터 여러 회사가 함께 참여하는 반면 위탁생동은 일반적으로 이미 개발된(생동성 시험을 통과한) 약에 대한 위수탁이 이뤄진다는 점에서 차이가 있다.

- **부작용(Side Effect)** : 의약품등을 정상적인 용량에 따라 투여한 경우 발생하는 모든 의도되지 않은 효과를 말하며, 의도되지 않은 바람직한 효과를 포함함.

- **이상사례(Adverse Event/Adverse Experience, AE)** : 의약품등의 투여·사용 중 발생한 바람직하지 않고 의도되지 않은 징후(sign, 예 ; 실험실적 검사치의 이상), 증상(symptom) 또는 질병을 말하며, 당해 의약품등과 반드시 인과관계를 가져야 하는 것은 아님.

- **약물이상반응(Adverse Drug Reaction, ADR)** : 의약품등을 정상적으로 투여·사하여 발생한 유해하고 의도하지 아니한 반응으로서 해당 의약품등과의 인과관계를 배제할 수 없는 경우를 말하며, 자발적으로 보고된 이상사례 중에서 의약품등과의 인과관계가 알려지지 않은 경우에는 약물이상반응으로 간주함. 다만, 보고자와 제조자/의뢰자 모두가 의약품등과 관련이 없다고 판단한 경우에는 약물이상반응에서 제외하고 있음.

- **실마리정보(Signal)** : 실마리정보란 약물과 이상사례간의 새로운 잠재적 인과관계 또는 알려진 관계의 새로운 측면을 제시하는 정보로서 하나 또는 그 이상의 보고원으로부터 얻어지는 정보 중에서 분석할 만한 가치가 있는 정보이며, 그 관계가 유해한 것에 국한되지 않음.

참고문헌

- 임형식, 2018, 제약바이오산업현장, 내하출판사

- 식품의약품안전평가원, 2015, 의약품 품목허가 및 신고 해설서

- 식품의약품안전처, 2017, 의약품 안전성유효성 심사자료 평가시 일반적 고려사항

- 식품의약품안전처, 2017, 의약품 기준 및 시험방법 심사자료 평가시 일반적 고려사항

- 식품의약품안전처, 2017, 생물학적동등성시험 심사자료 평가시 일반적 고려사항

- 식품의약품안전처, 2018, 제형군별등 사전 GMP 평가 운영지침(공무원 지침서)

- 식품의약품안전처, 2014, 동등생물의약품 평가 가이드라인

- 식품의약품안전처, 2018, 동등생물의약품 허가 및 심사를 위한 질의응답집(민원인 안내서)

- 식품의약품안전처, 2015, 의약품 허가특허연계제도 해설서

- 식품의약품안전처, 2017, 의약품 재심사자료 평가시 일반적 고려사항

- 식품의약품안전처, 2018, 의약품 재평가 실시에 관한 규정 가이드라인(민원인안내서)

- 식품의약품안전처, 2017, 의약품의 위해성 관리 계획 평가시 일반적 고려사항

- 윤나경, 강민구, 2019, 한국 의약품 부작용 보고제도에 관한 고찰, 대한약국학회지

- 한국의약품안전관리원(https://www.drugsafe.or.kr)

- 의약품안전나라(https://nedrug.mfds.go.kr)

- 식품의약품안전처 보도자료(2018.12.19. 배포)

- 식품의약품안전처 보도자료(2019.4.15. 배포)

- 식품의약품안전처, 보건복지부 부처합동 보도자료(2019.11.22. 배포)

- 김은아, 2009, 고개드는 '위탁생동' 성분명처방 수순밟기?, 의협신문

의약품 인허가의 현장
Drug Approvals and Regulatory Affairs

발행일 | 2020년 3월 20일

저 자 | 임형식
발행인 | 모흥숙

발행처 | 내하출판사
주 소 | 서울 용산구 한강대로 104 라길 3
전 화 | TEL : (02)775-3241~5
팩 스 | FAX : (02)775-3246

E-mail | naeha@naeha.co.kr
Homepage | www.naeha.co.kr

ISBN | 978-89-5717-522-4 (93320)
정 가 | 17,000원

ⓒ 임형식 2020

이 도서의 국립중앙도서관 출판예정도서목록(CIP)은 서지정보유통지원시스템 홈페이지(seoji.nl.go.kr)와
국가자료공동목록시스템(www.nl.go.kr/kolisnet)에서 이용하실 수 있습니다. (CIP제어번호 : CIP2020009869)

제약영업 마케팅의 현장
임형식 지음 ┃ 25,000

제약바이오 산업의 현장
임형식 지음 ┃ 19,000

자존감을 높이는 제약영업마케팅
임형식 지음 ┃ 19,000

근간

약가정책론 임형식 지음

의약품의 전주기 **허가 심사 절차**에 대해 다루고 있으며,
특히 제품의 연구개발 이후 **임상시험 계획 승인 단계**부터
의약품 품목허가 신청을 거쳐 사후관리에 이르기까지
제약 인허가 업무에서 요구되는 **기본적인 이해**와 **실제 허가서류 작성** 및
검토 시 고려사항과 같은 **실무적인 부분**을 기술하고 있다.

ISBN 978-89-5717-522-4

93320

9 788957 175224